KILLER
SUDOKU

Published by Welbeck Non-Fiction
an imprint of the Welbeck Publishing Group
20 Mortimer Street
London W1T 3JW

A CIP catalogue for this book is available from the British Library.

ISBN 978-1-78739-383-7

Printed in Great Britain

Content previously published as *House of Puzzles Killer Sudoku*

KILLER
SUDOKU

**PUT YOUR FEET UP AND ENJOY
THESE TRICKY PUZZLES**

WELBECK

KILLER SUDOKU

Like regular Sudoku, Killer puzzles are played on a grid of nine by nine *cells*. This grid is divided into *rows*, *columns*, and also squares of nine that are known as *nonets*. Collectively, these rows, columns and nonets are referred to as *houses*, because of their similarities – each one contains the digits from 1 to 9 once and once only. Added together, these numbers come to 45. That fact is a useful tool.

Unlike regular Sudoku however, Killer puzzles are further broken down into dotted regions of two or more cells known as *cages*. Just like the other groupings, cages cannot contain the same number twice, but they can span several nonets. The numbers in each cage add up to the *cage total*. In Killer Sudoku you don't get any shown numbers in the grid to start you off, but the cage totals give you all the information you need to solve the puzzle.

The first thing to do is to remember that each house must total 45. Examine each one carefully looking for self-contained groups of cages. If eight of the nine cells in the house are taken up by cages which fit entirely within that house, then you have an *'innie'*. You can add up the value of the cages and take that total from 45; whatever you are left with has to be in the innie cell. The same principle applies to an *'outie'*. If cages completely fill one house with just a single extra cell spilling out, then you can take 45 from the sum of the cell values to discover the outie number. You may even find innies and outies which only work across two, three or even more houses.

The next thing to do is to look for places where you can partition cages. If a house contains only one cage that crosses its borders, you can work out the value of the parts both inside and outside the border. Add the other cages together and subtract from 45 to find out the value of the first cage's cells inside the border; subtract that value from the cage total to find the value of the cells outside the border. Now you have two smaller cages – which are easier to work with – and as a bonus, you know that numbers cannot be repeated between them.

After that, look for cages which must contain specific numbers. There are some values for cages that only allow one possibility. For two-cell cages, *dominoes*, the values 3, 4, 16 and 17 each only have one solution -- 1+2, 1+3, 7+9 and 8+9 respectively. You might not know which value goes in which cell, but you'll know that the two numbers have to appear in those two cells, and therefore they can't appear anywhere else in any house that contains all of the cage -- always either a row or column, and usually a house as well.

Knowing that these values are already *claimed* can help you restrict the choices for other cages in the same house. If you have two domino cages worth 3 and 7 in the same house, you know both 1 and 2 are in the 3-cage; that means the 7-cage has to be 3+4; 5+2 and 6+1 are both ruled out. Don't forget the standard Sudoku practices too: a number that you're firm on claims row, column and nonet as well.

When a cage has several possible options for the numbers it contains, try looking for common ground. For example, a 4-cell cage with a value of 12 is definitely going to claim the numbers 1 and 2, as the options are only 1+2+3+6 or 1+2+4+5. If it's contained in one house, that means you can rule out 1 and 2 from any other cage in the same house.

You will want to have a list of possible number combinations handy. There are plenty available on the internet. They take up quite a bit of space, but when you need to know what options are available for a 4-cell cage with a value of 25, they're invaluable (it's 1+7+8+9; 2+6+8+9; 3+5+8+9; 3+6+7+9; 4+5+7+9; and 4+6+7+8).

As a last tip, don't forget all the logic techniques available to you in regular Sudoku. There isn't space to go into them here, but do note that you'll often end up with situations in Killer Sudoku where you have a lot of doubles and triples, and cages breaking house boundaries can give you still more of them. Two or more cages may between them claim numbers or groups of numbers in a house, and these eliminations call fill in the other squares you need to reach a solution.

Don't be daunted, approach the grid logically, and you'll be fine. Happy puzzling!

Tim Dedopulos

20	10	14	11	10		18		
				28	14		16	
		3			6			12
13					21	17		
		13					15	
16	28			19		5		
		14			20		23	
		5				12	7	
7			8					

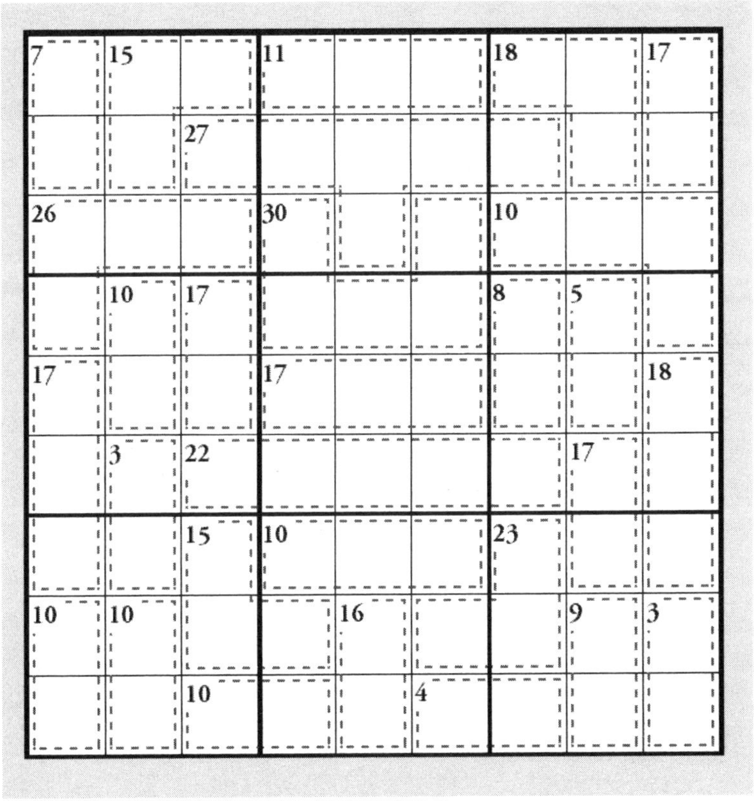
7 15 11 18 17
27
26 30 10
10 17 8 5
17 17 18
3 22 17
15 10 23
10 10 16 9 3
10 4

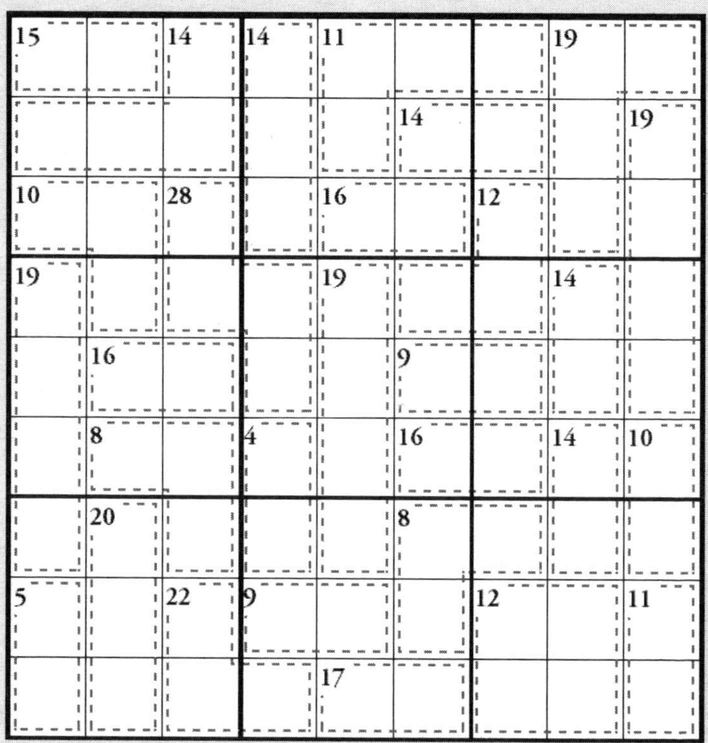
15
14
14
11
19
14
19
10
28
16
12
19
19
14
16
9
8
4
16
14
10
20
8
5
22
9
12
11
17

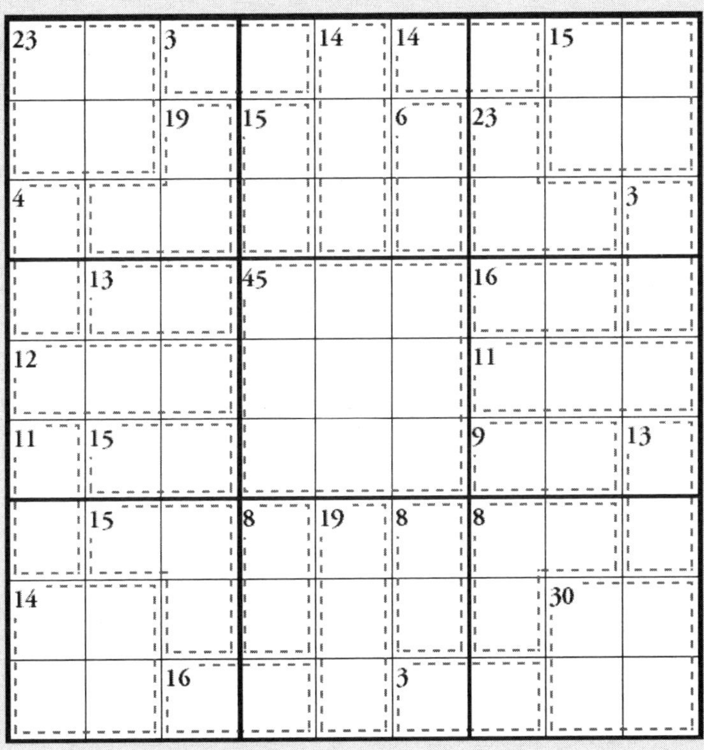
23 3 14 14 15
19 15 6 23
4 3
13 45 16
12 11
11 15 9 13
15 8 19 8 8
14 30
16 3

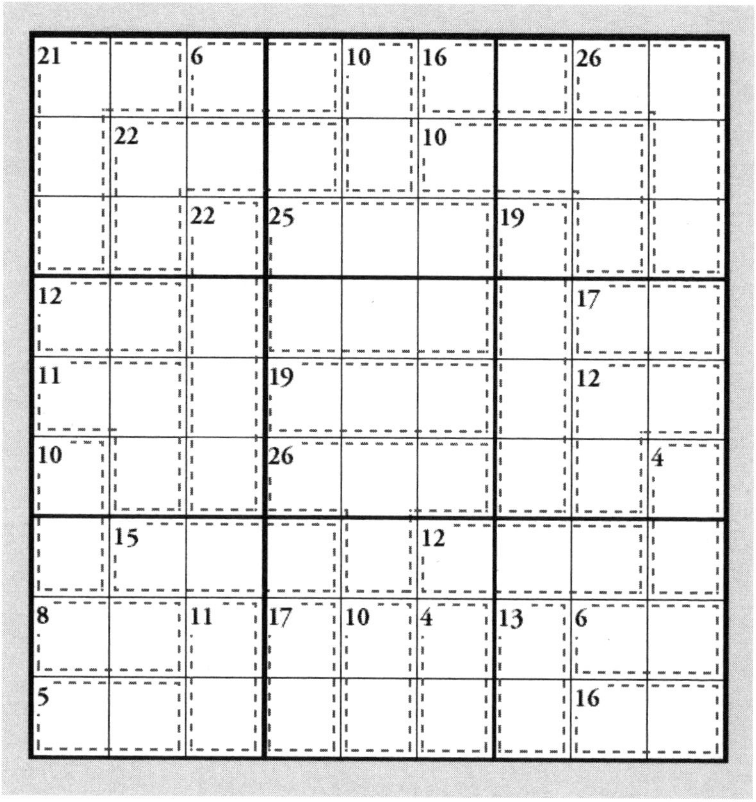
21 6 10 16 26
22 10
22 25 19
12 17
11 19 12
10 26 4
15 12
8 11 17 10 4 13 6
5 16

17			8	19				19
29	6			11	14		12	
	16	5				10		
		14	45				11	
						15		18
3		10					7	
9	6		23		3			
		16			7	13		
	21					18		

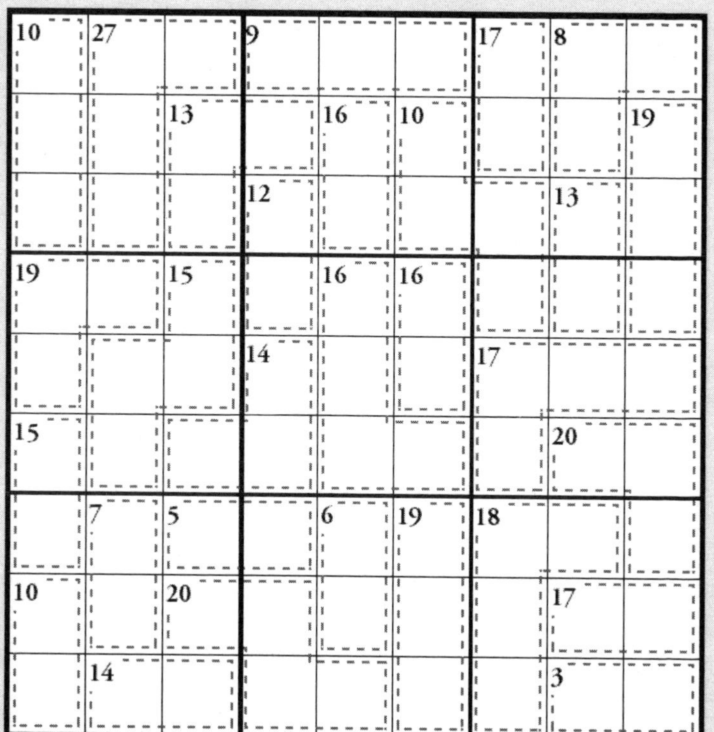
10
27
9
17
8
13
16
10
19
12
13
19
15
16
16
14
17
15
20
7
5
6
19
18
10
20
17
14
3

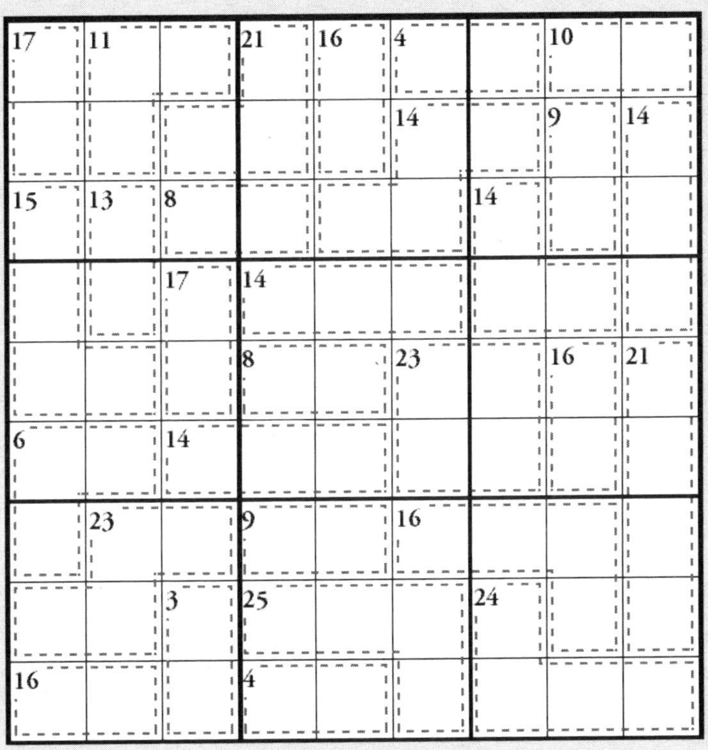
17 11 21 16 4 10
14 9 14
15 13 8 14
17 14
8 23 16 21
6 14
23 9 16
3 25 24
16 4

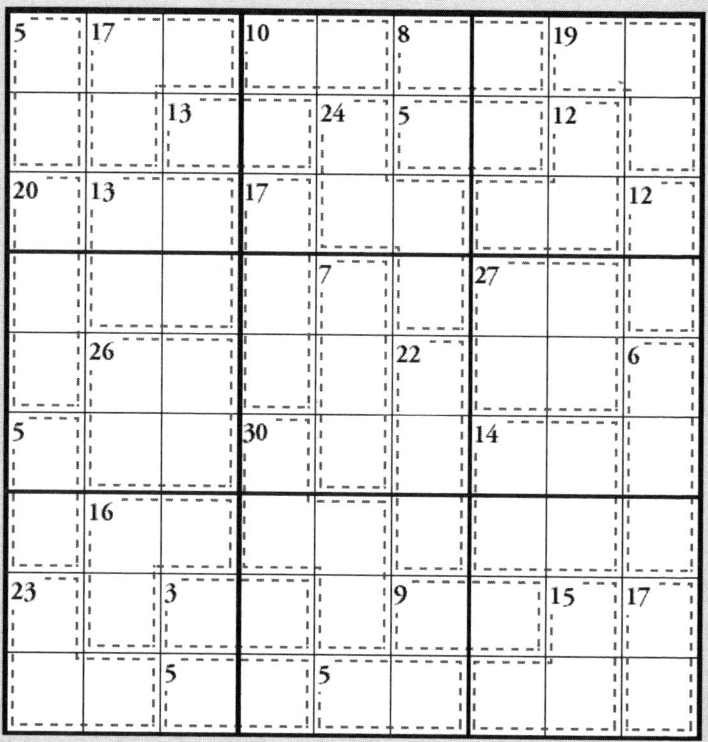
5
17
10
8
19
13
24
5
12
20
13
17
12
7
27
26
22
6
5
30
14
16
23
3
9
15
17
5
5

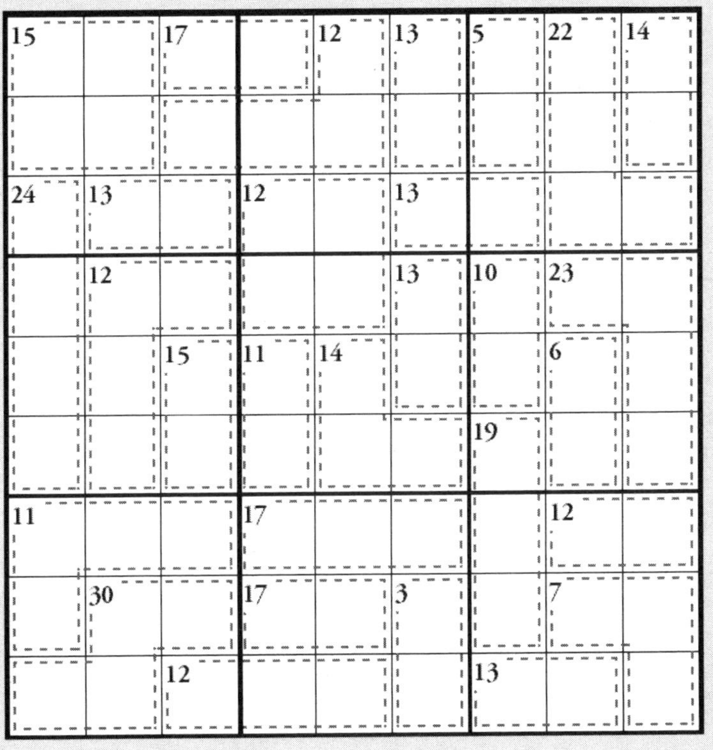
15
17
12
13
5
22
14
24
13
12
13
12
13
10
23
15
11
14
6
19
11
17
12
30
17
3
7
12
13

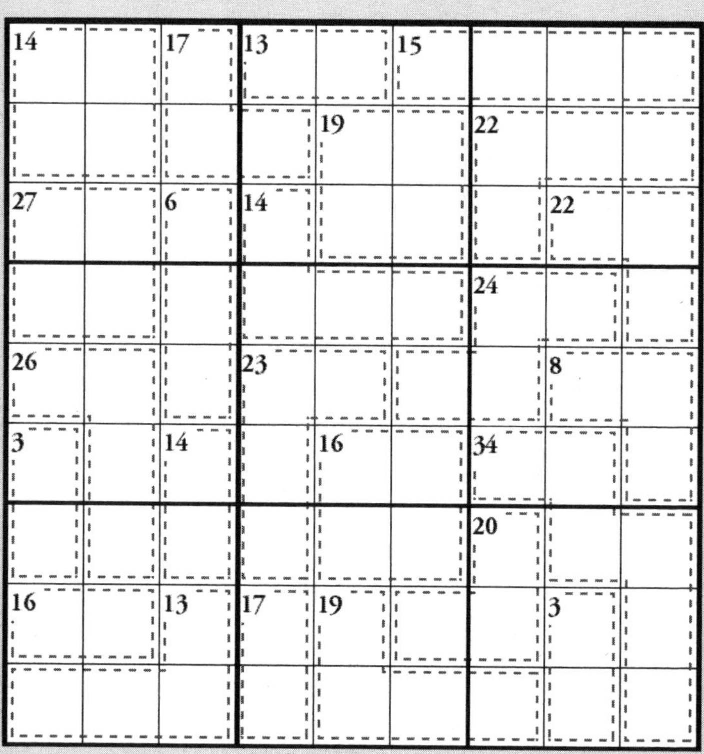
14 17 13 15
19 22
27 6 14 22
24
26 23 8
3 14 16 34
20
16 13 17 19 3

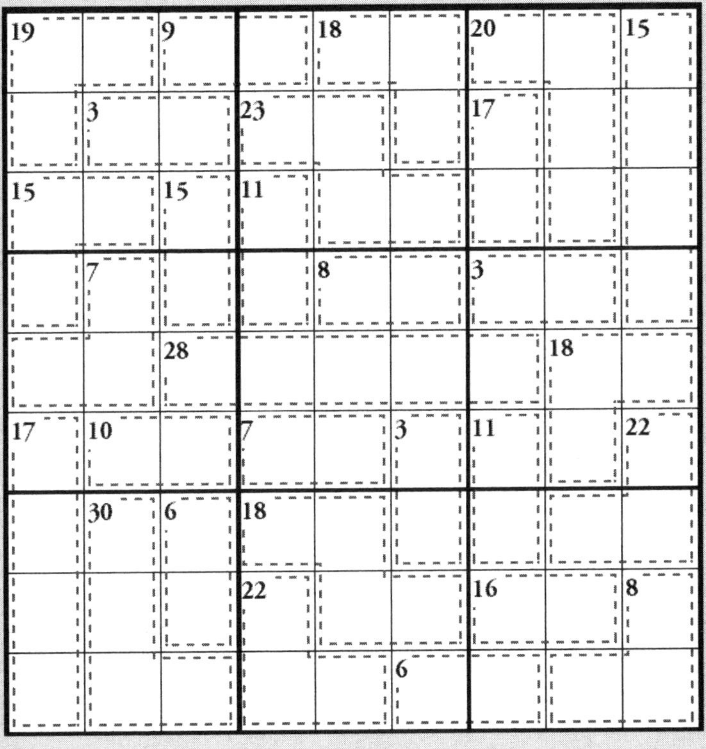
19
9
18
20
15
3
23
17
15
15
11
7
8
3
28
18
17
10
7
3
11
22
30
6
18
22
16
8
6

16		14		9		15		15
15		9			25			
	18		16			3		18
17				19		11		
	10	9						5
			22		27			
	17			3		5		24
3	18			20				
			17				5	

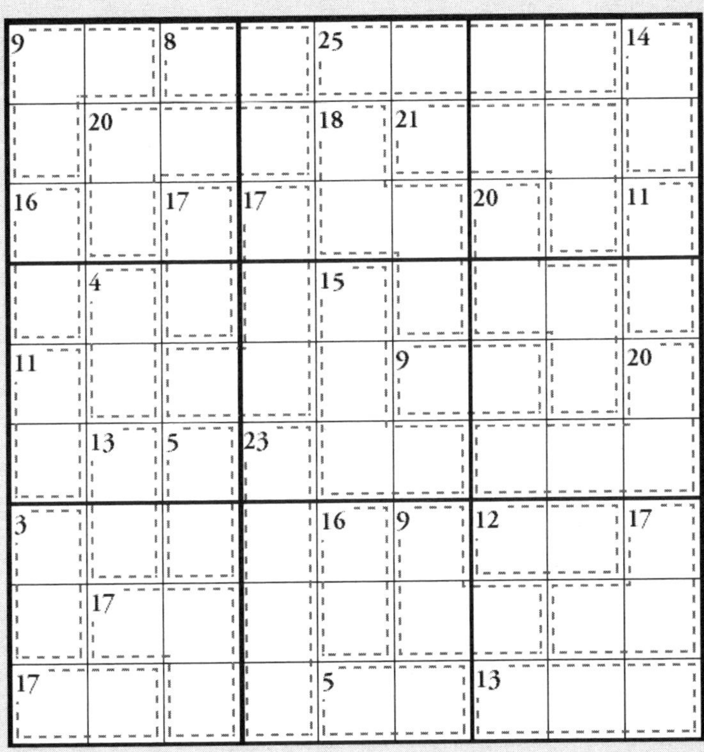
9
8
25
14
20
18
21
16
17
17
20
11
4
15
11
9
20
13
5
23
3
16
9
12
17
17
17
5
13

4		8		32	17		9	
15	7						16	4
		24	17			20		
5	9		23				5	14
			5		11			
22				29			21	
	12						20	
			11					
17		20					8	

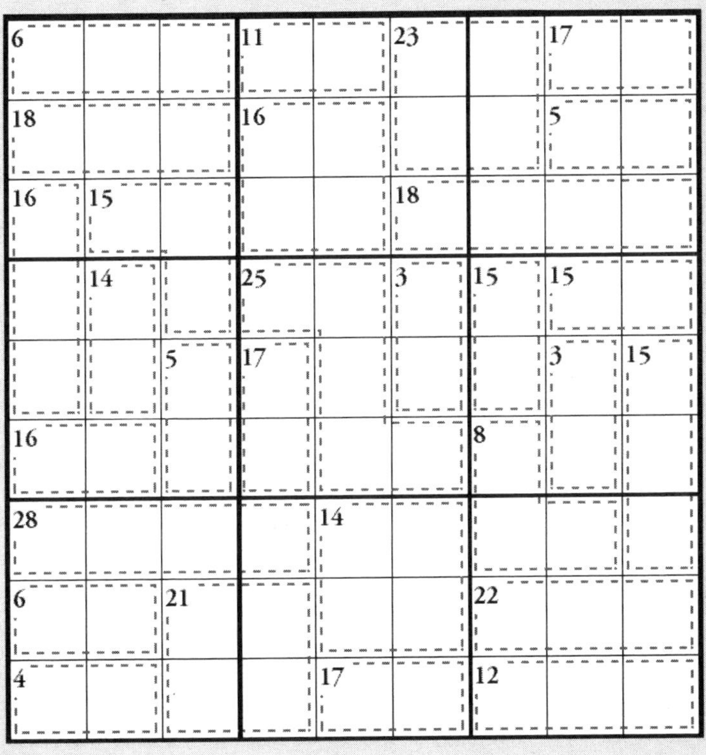
6
11
23
17
18
16
5
16
15
18
14
25
3
15
15
5
17
3
15
16
8
28
14
6
21
22
4
17
12

14		18		17	16		5	
8			15					17
	12				13			
15		22		8	24		7	
5			14		12			6
	5					17		
23		31					26	
		8			7			
11			24				5	

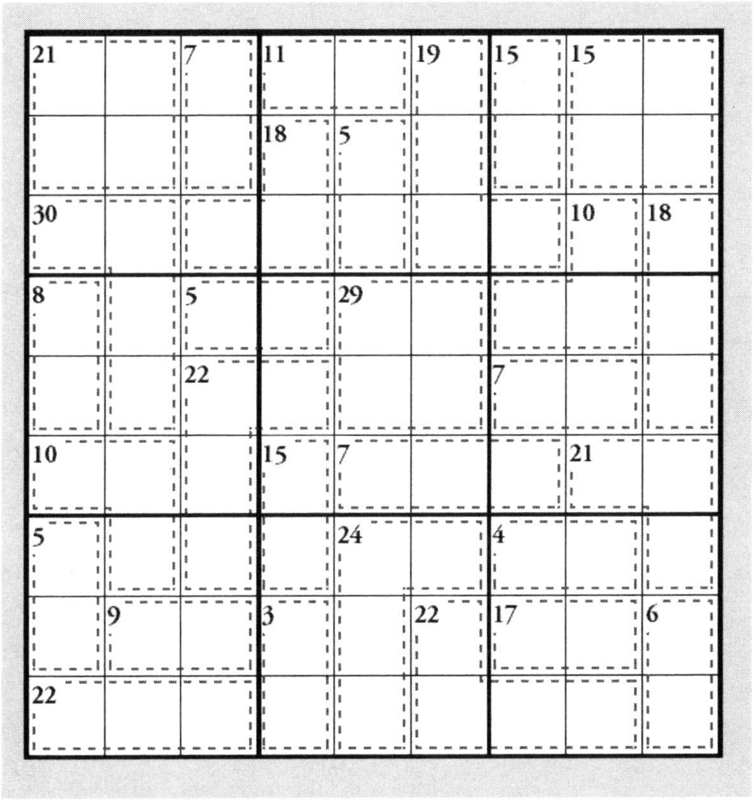
21 7 11 19 15 15
18 5
30 10 18
8 5 29
22 7
10 15 7 21
5 24 4
9 3 22 17 6
22

19

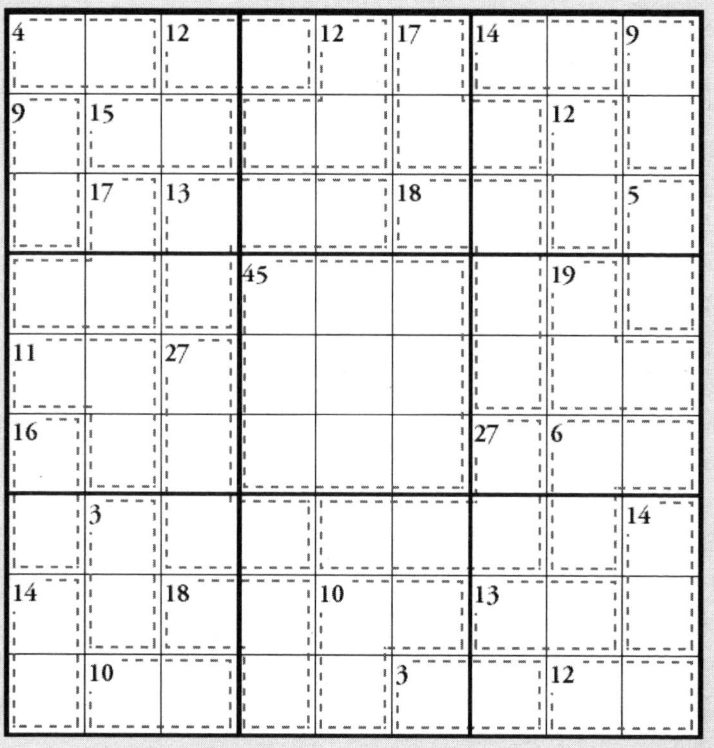
4 12 12 17 14 9
9 15 12
17 13 18 5
45 19
11 27
16 27 6
3 14
14 18 10 13
10 3 12

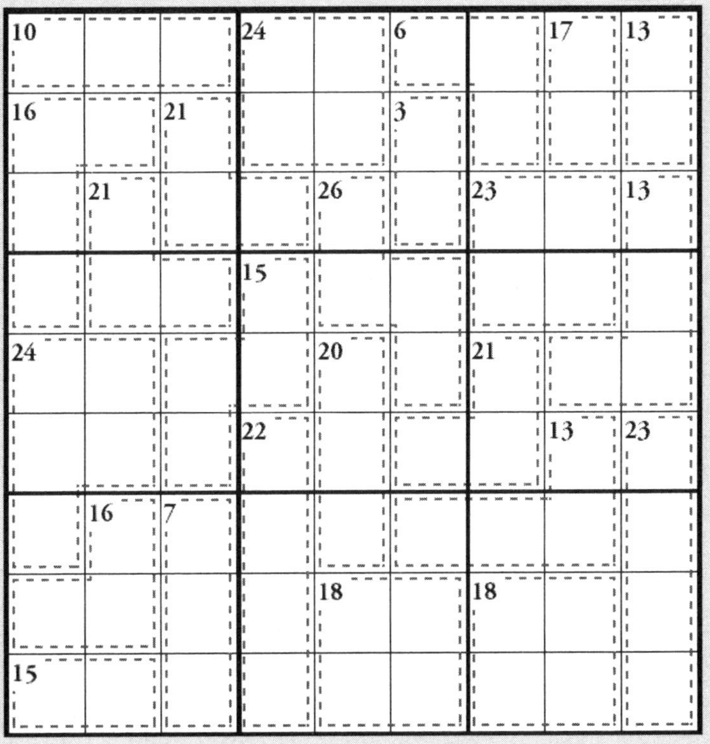
10
24
6
17
13
16
21
3
21
26
23
13
15
24
20
21
22
13
23
16
7
18
18
15

21

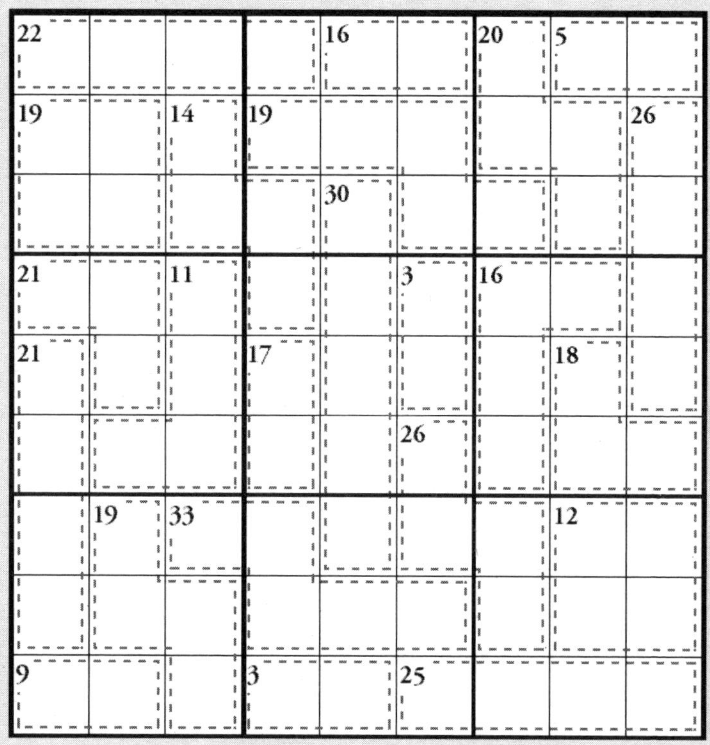

13	16		14			5		23
			19					
15	26		12			30		6
			14	13	6			
	3					11		
13		15			7		19	
	6	26					17	
23		5	14			4		13
			17					

23

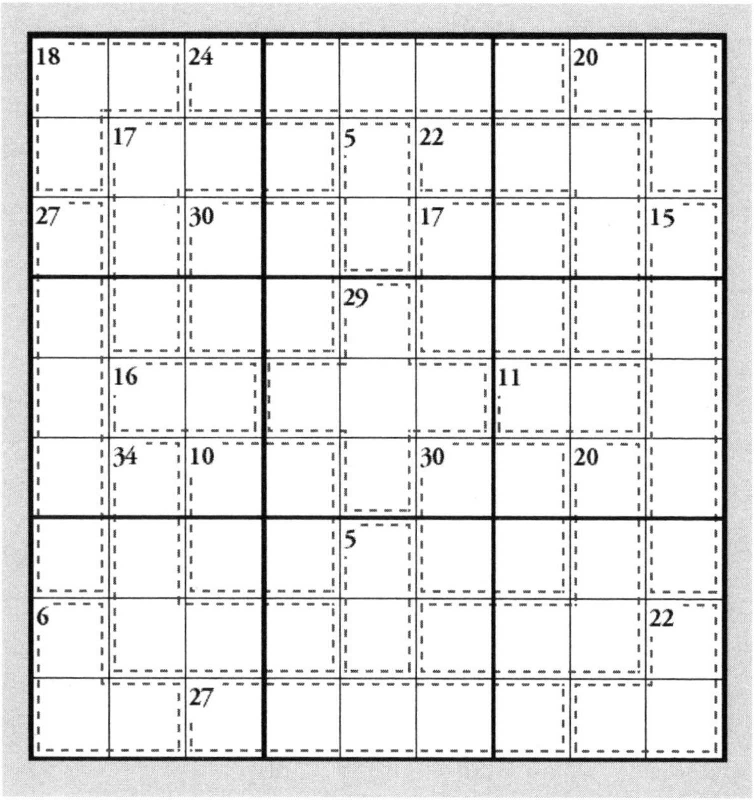

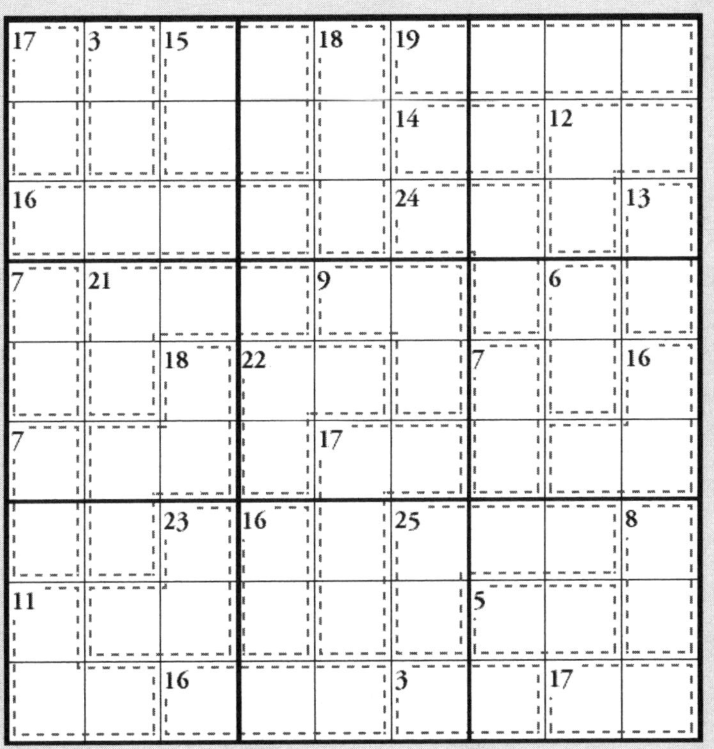
17
3
15
18
19
14
12
16
24
13
7
21
9
6
18
22
7
16
7
17
23
16
25
8
11
5
16
3
17

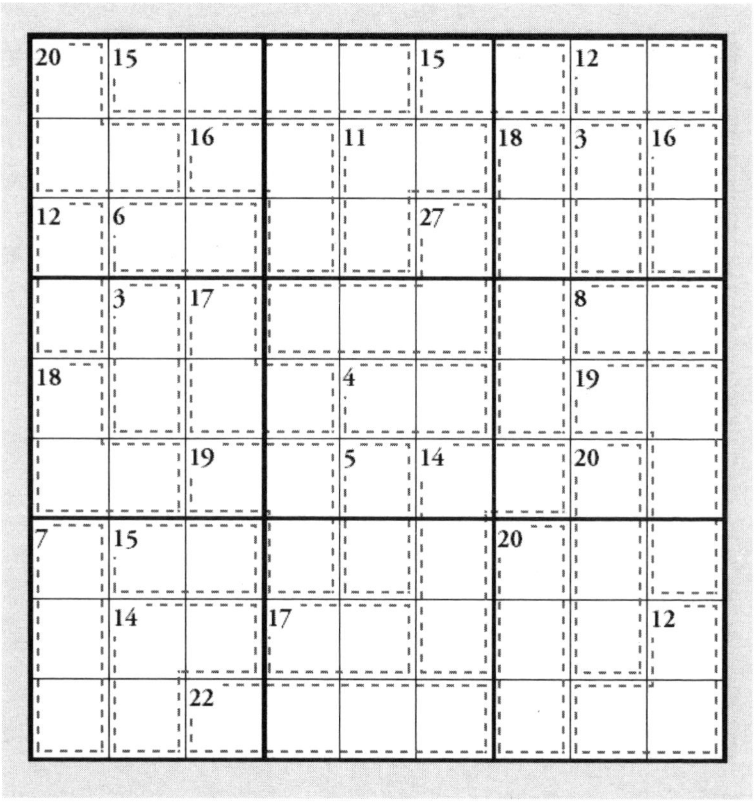
20 15 15 12
16 11 18 3 16
12 6 27
3 17 8
18 4 19
19 5 14 20
7 15 20
14 17 12
22

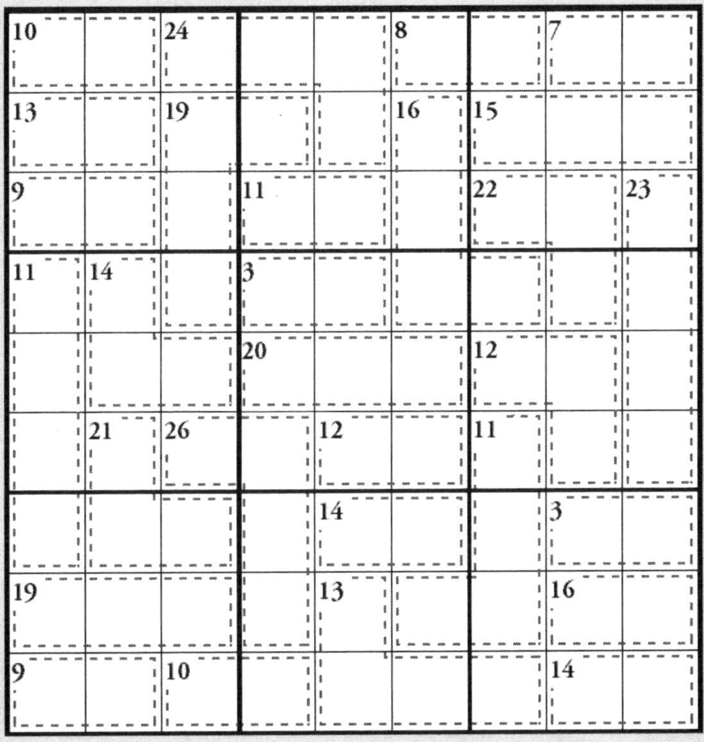
10
24
8
7
13
19
16
15
9
11
22
23
11
14
3
20
12
21
26
12
11
14
3
19
13
16
9
10
14

15			7		14	17	5	17
5		25						
8			4	25			8	
21						17		
19		3		17	10	13	17	
	12	22					22	
			26	7				8
	9							
16			16					

13	14	18		25		3		15
		14				15	12	
			7					
21		16		17		17		
		12		5			23	
12			8	7				
18		3			29	15	16	9
7			17					
	17							

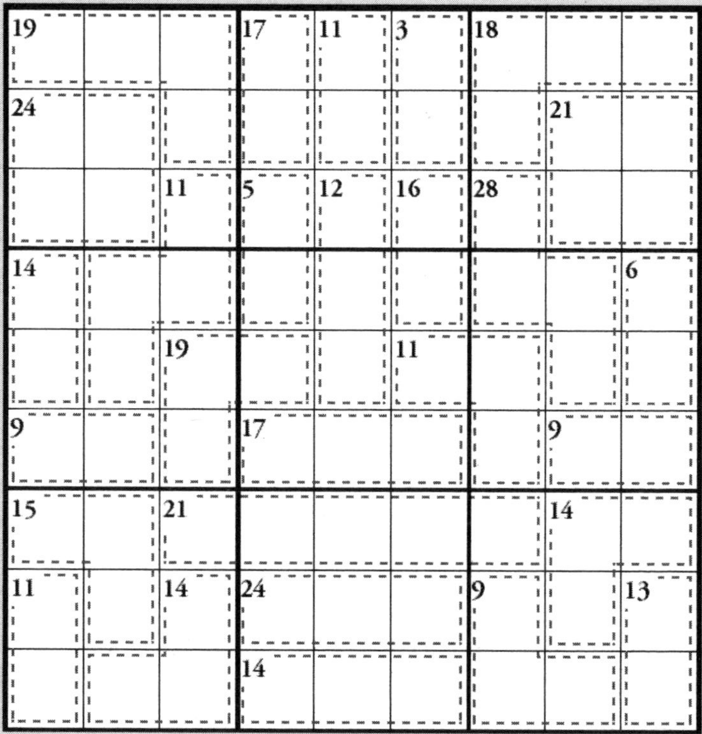
19
17
11
3
18
24
21
11
5
12
16
28
14
6
19
11
9
17
9
15
21
14
11
14
24
9
13
14

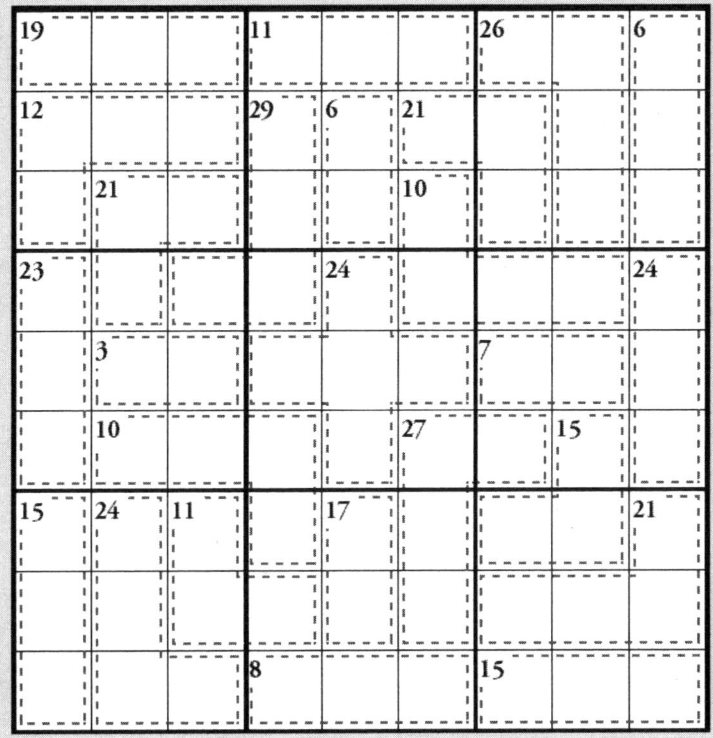
19 11 26 6
12 29 6 21
21 10
23 24 24
3 7
10 27 15
15 24 11 17 21
8 15

13	29			9		13		22
		5		17				
		12			14		16	
10		15	7	20				
14	6				19		19	
			10				13	
15		4		19				11
15	14		23			9		
							12	

15	28			19			17	
	14				4			
		3		11	16		14	
15			19			12		17
3	16					17		
	27			13			16	7
14		18						
15	3	8			20			9
				15				

16		14	7	26	7	22	3	
23							24	
			22		6			
	4						17	
12		23						9
	6		23			6		
11		12	25			15	5	
3	15						5	15
		29						

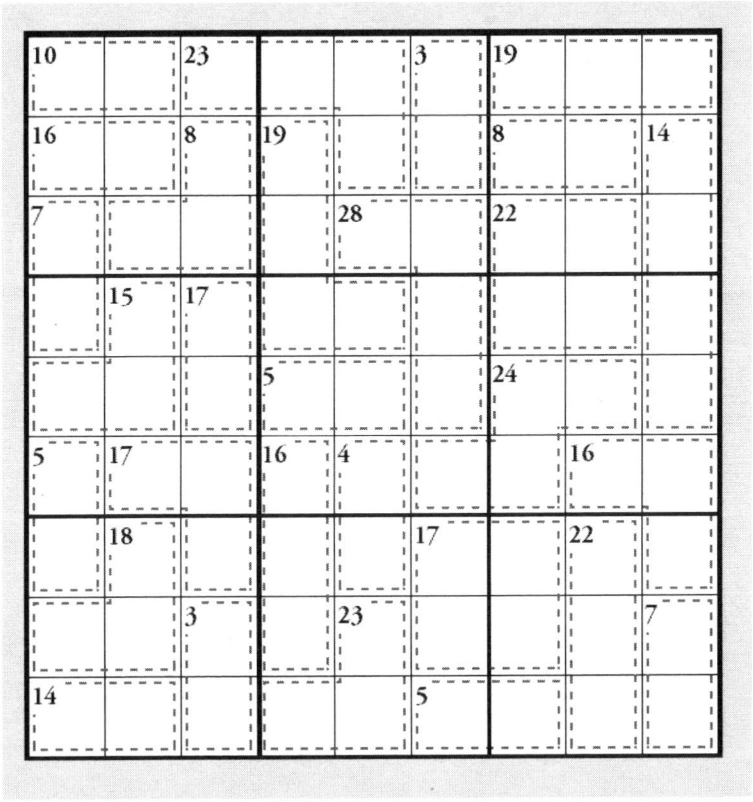
10 23 3 19
16 8 19 8 14
7 28 22
15 17
5 24
5 17 16 4 16
18 17 22
3 23 7
14 5

21				7		16		4
7	15	24		3		17		
			29					
12	17		5	17			5	
		13			14		19	
8				21	3			17
26					15	13		
			15				17	
10				15				

15		8		29	7		9	
11	17					22		
		21			7		5	7
20					17			
		6	14				16	
6	16			22		17	15	
		17						
8			18		20			
14					5		16	

3	19		18				24	5
		25		14		7		
9		13		14				21
14						3		
22			19			23		
	10		14	3	22		13	
	13	14					5	
10							14	13
		21						

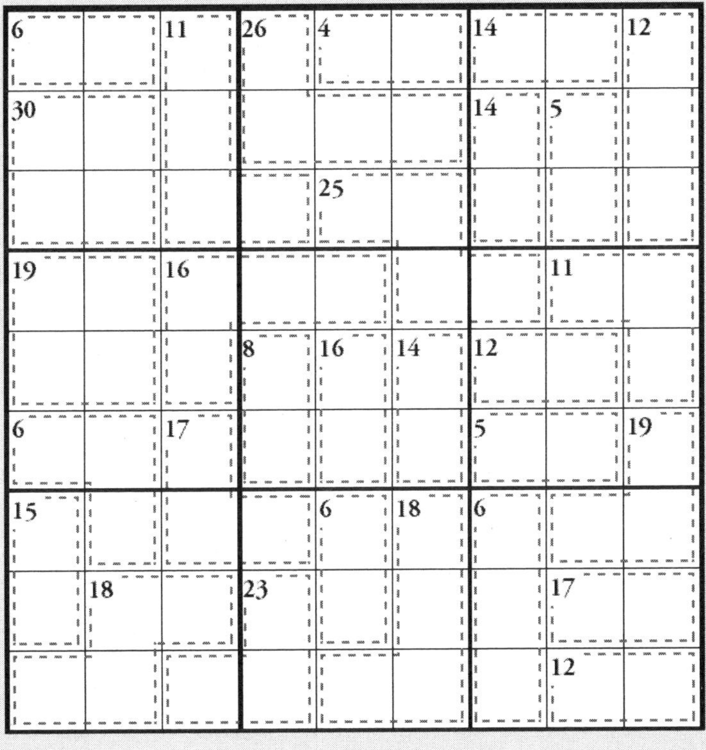
6
11
26
4
14
12
30
14
5
25
19
16
11
8
16
14
12
6
17
5
19
15
6
18
6
18
23
17
12

13	16	4	13			15	3	12
			10	24	19			
19	15	17				13	21	23
			10					
		19		5	24			
10			16		8		9	
	17			8			22	
		17			3			

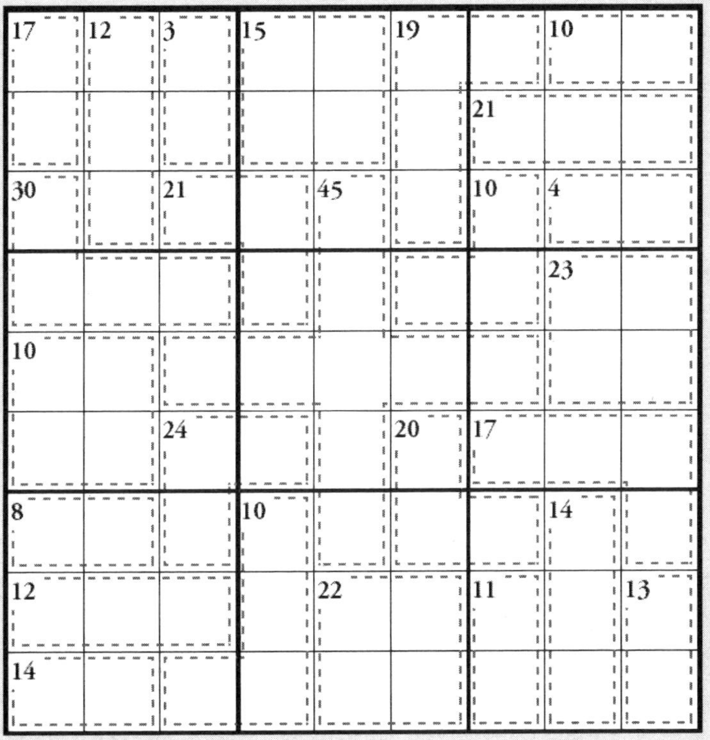
17 12 3 15 19 10
21
30 21 45 10 4
23
10
24 20 17
8 10 14
12 22 11 13
14

19		20		9		17		
23		11		11		14		
					10		23	14
	15	16						
		14		13			5	
		26		19		3	13	
15			12				4	
		3		8	26		16	14
12								

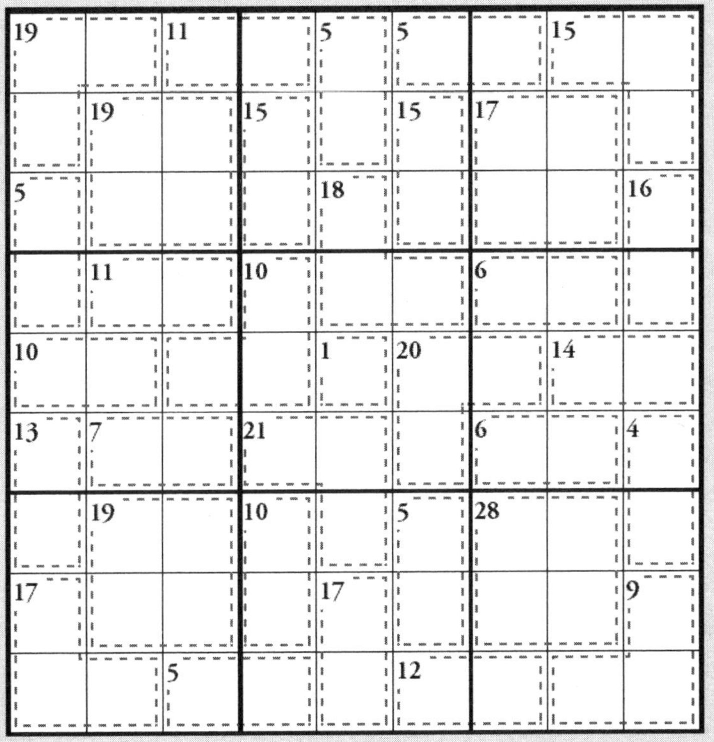
19 11 5 5 15
19 15 15 17
5 18 16
11 10 6
10 1 20 14
13 7 21 6 4
19 10 5 28
17 17 9
5 12

43

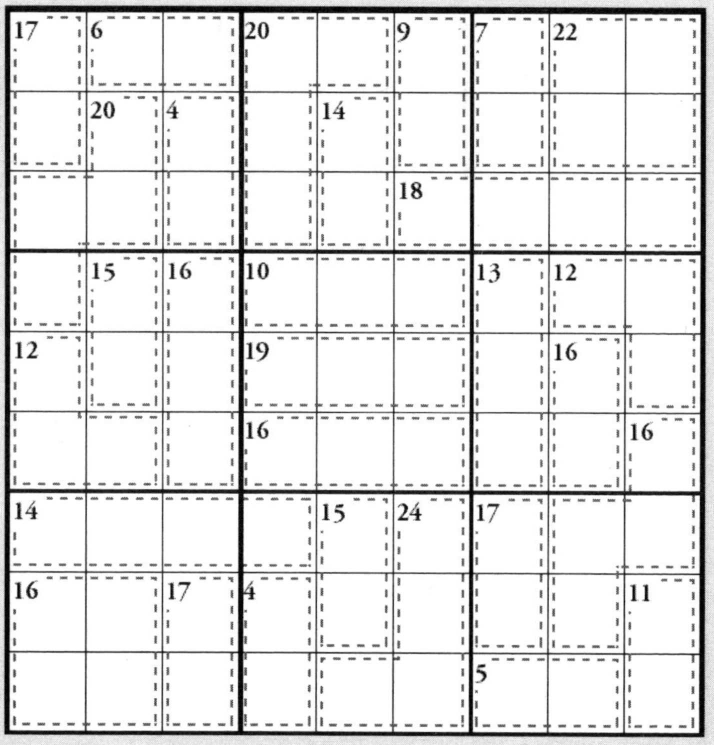
17
6
20
9
7
22
20
4
14
18
15
16
10
13
12
12
19
16
16
16
14
15
24
17
16
17
4
11
5

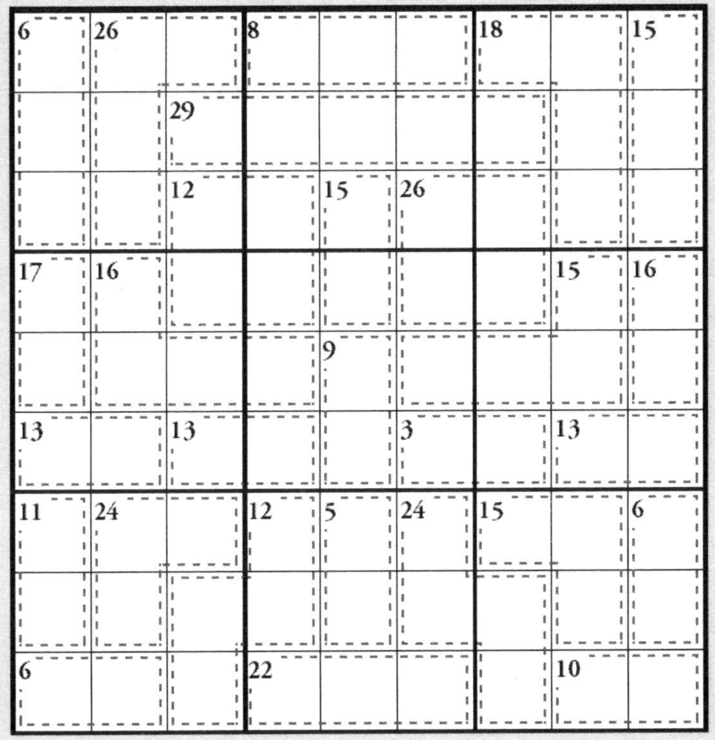
6 26 8 18 15
29
12 15 26
17 16 15 16
9
13 13 3 13
11 24 12 5 24 15 6
6 22 10

7		22		10	17		14	3
14		16			14			
5						28		27
18								
21		12	12		10			
			10	20		3		
	17			14			18	
4		22	7		13		10	
					17			

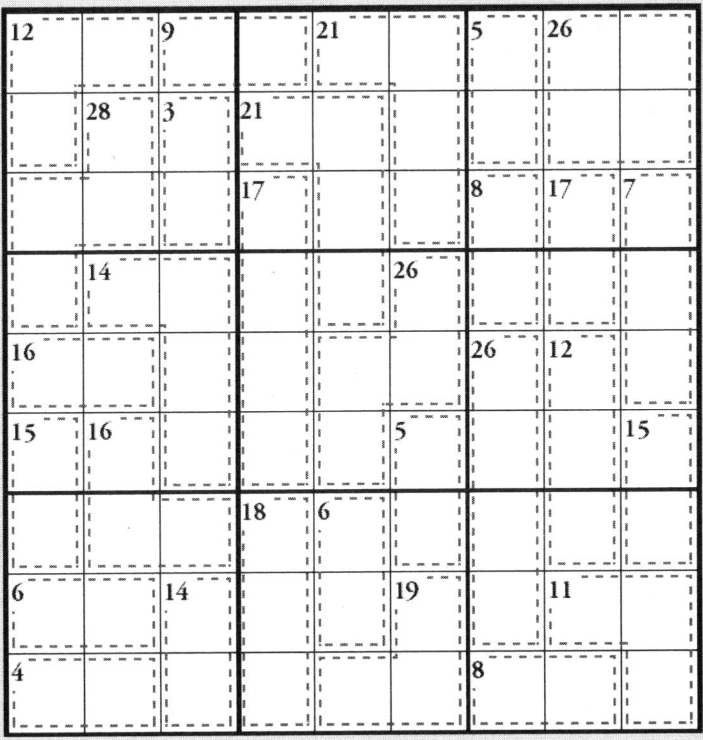
12
9
21
5
26
28
3
21
17
8
17
7
14
26
16
26
12
15
16
5
15
18
6
6
14
19
11
4
8

13	17		8			13		14
		25						
16	18			3	21			10
	21					22		
	5		24				15	
8			15					9
	8		21	17	7	12		
14	13						10	16
			10					

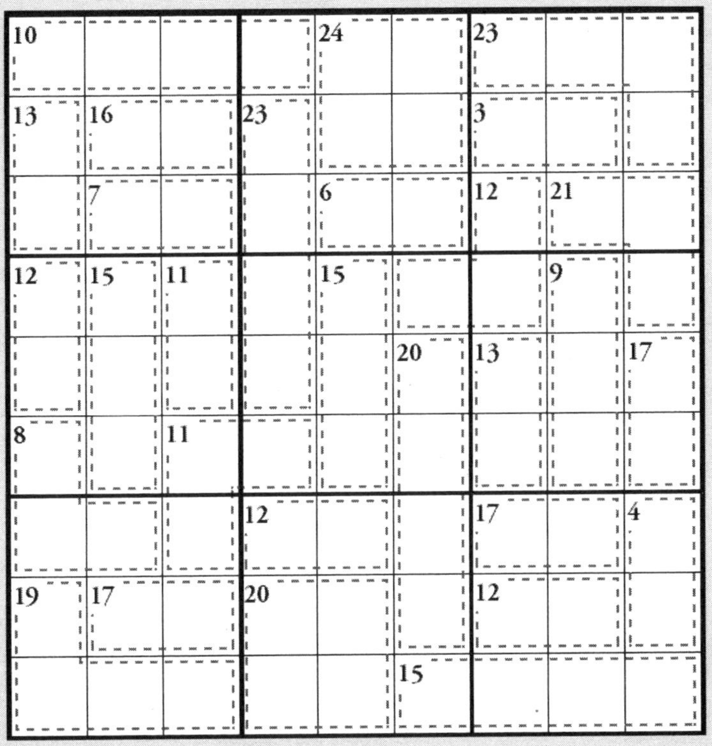
10
24
23
13
16
23
3
7
6
12
21
12
15
11
15
9
20
13
17
8
11
12
17
4
19
17
20
12
15

17	20		15	4		8	12	
				14			12	
8	13	17				18		
				16	18		19	
	3		17					12
30						17		
17			4		11			
17		5		24		15		
					11		11	

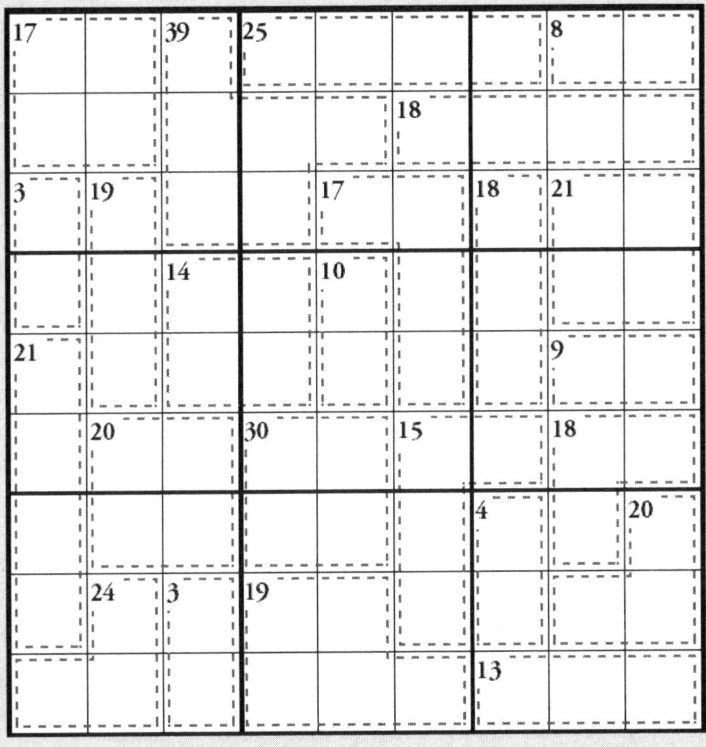
17
39
25
8
18
3
19
17
18
21
14
10
21
9
20
30
15
18
4
20
24
3
19
13

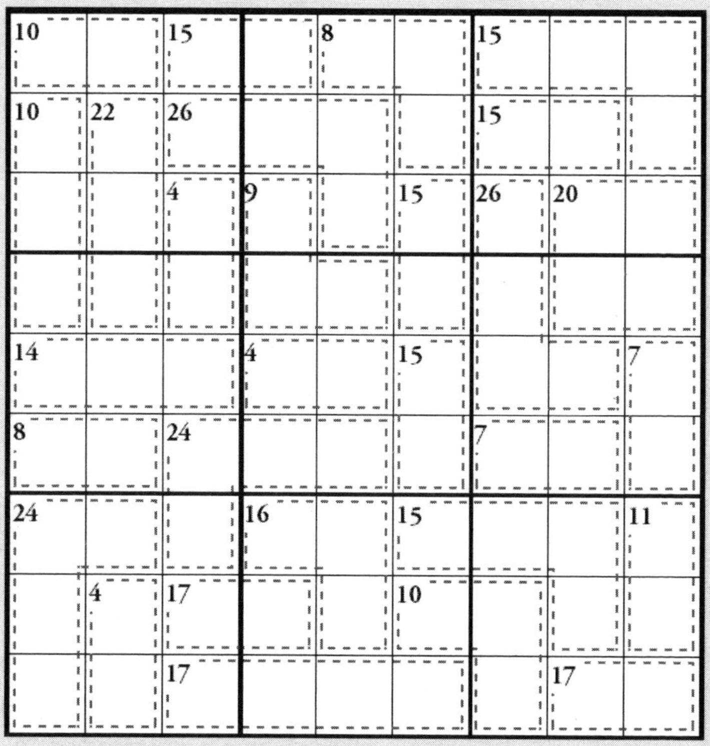
10 15 8 15
10 22 26 15
4 9 15 26 20
14 4 15 7
8 24 7
24 16 15 11
4 17 10
17 17

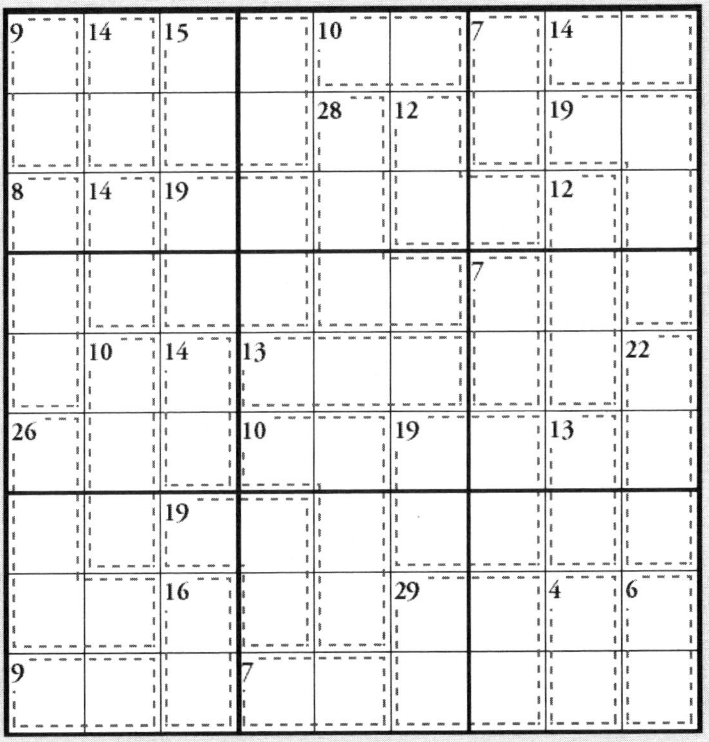
9
14
15
10
7
14
28
12
19
8
14
19
12
7
10
14
13
22
26
10
19
13
19
16
29
4
6
9
7

15		19	8		11		17	
10				9	14	14		
	14		14				8	
		16		13	23	19		
							22	8
4	13		3	17				
	25					16		
19			30		8		3	
							13	

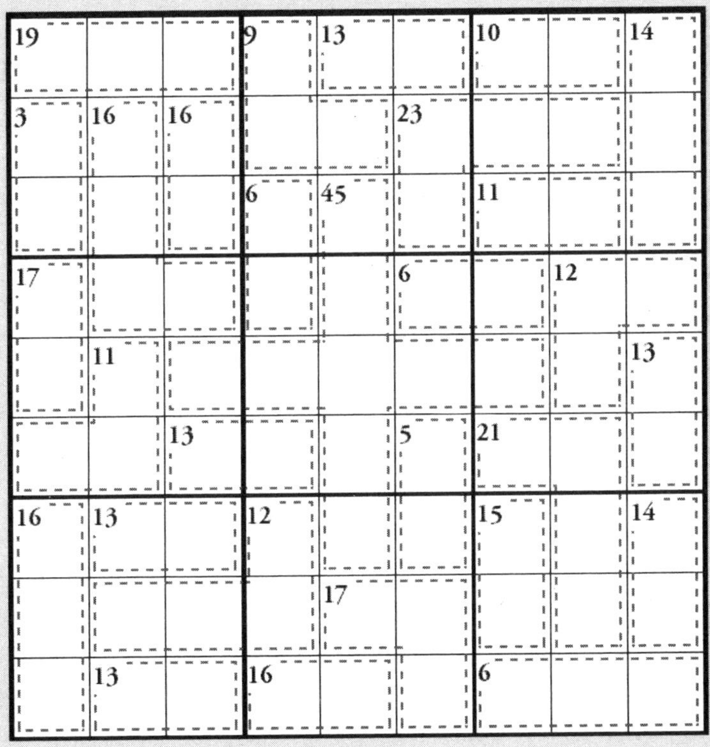
19
9
13
10
14
3
16
16
23
6
45
11
17
6
12
11
13
13
5
21
16
13
12
15
14
17
13
16
6

21	13		21			25		10
	16			4			15	
		17		3				
20		13		18	13			25
5	15				10			9
	9		24			17		
8		12			11		6	
17			12			16		

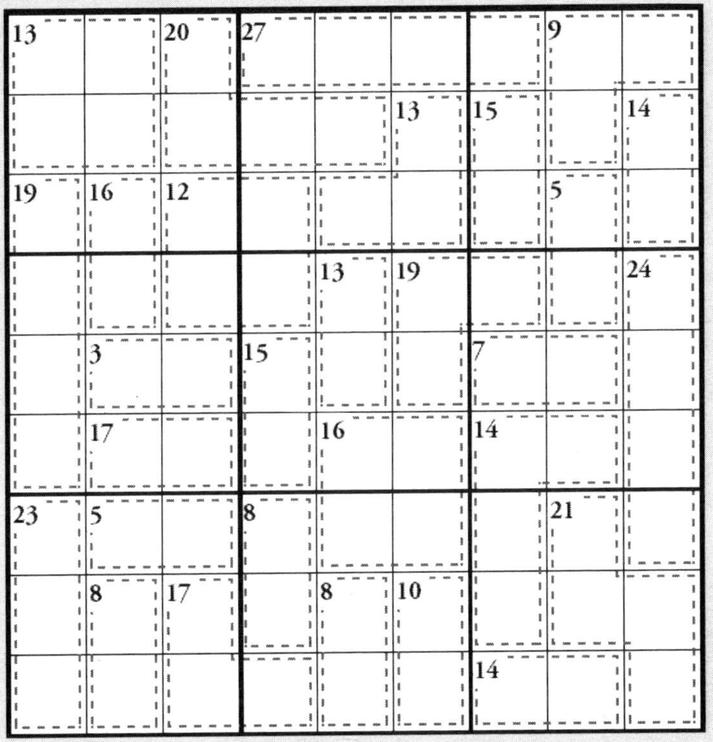
13
20
27
9
13
15
14
19
16
12
5
13
19
24
3
15
7
17
16
14
23
5
8
21
8
17
8
10
14

57

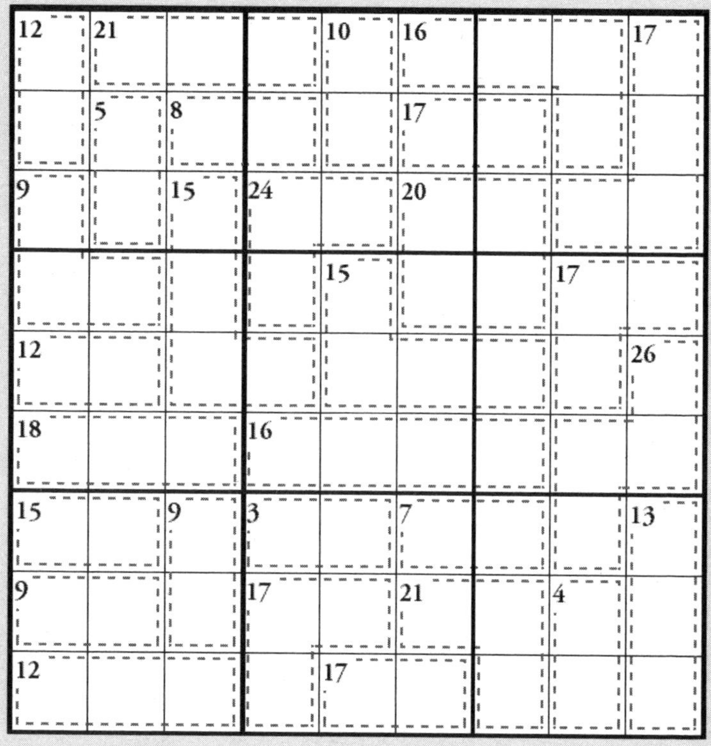

12 21 10 16 17
5 8 17
9 15 24 20
15 17
12 26
18 16
15 9 3 7 13
9 17 21 4
12 17

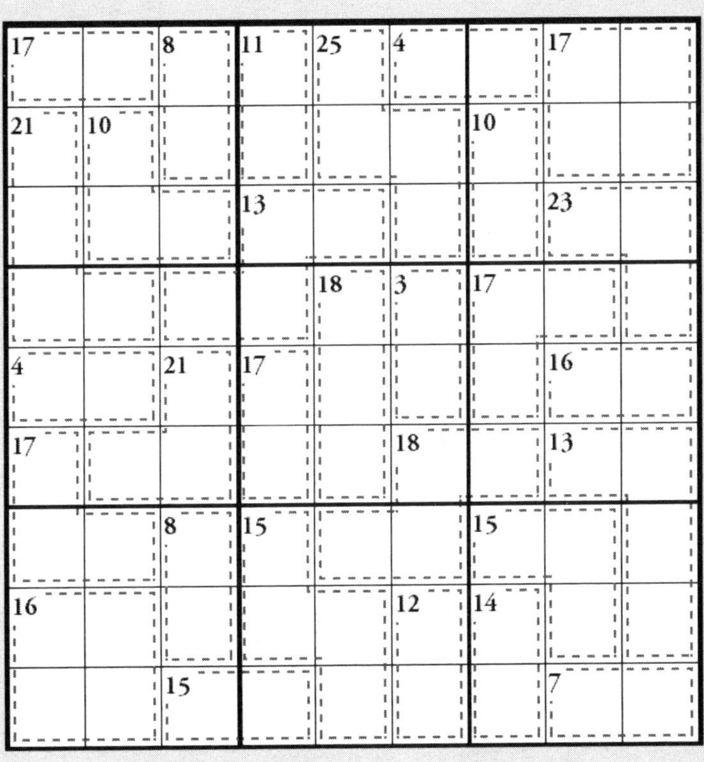
17 8 11 25 4 17
21 10 10
13 23
18 3 17
4 21 17 16
17 18 13
8 15 15
16 12 14
15 7

59

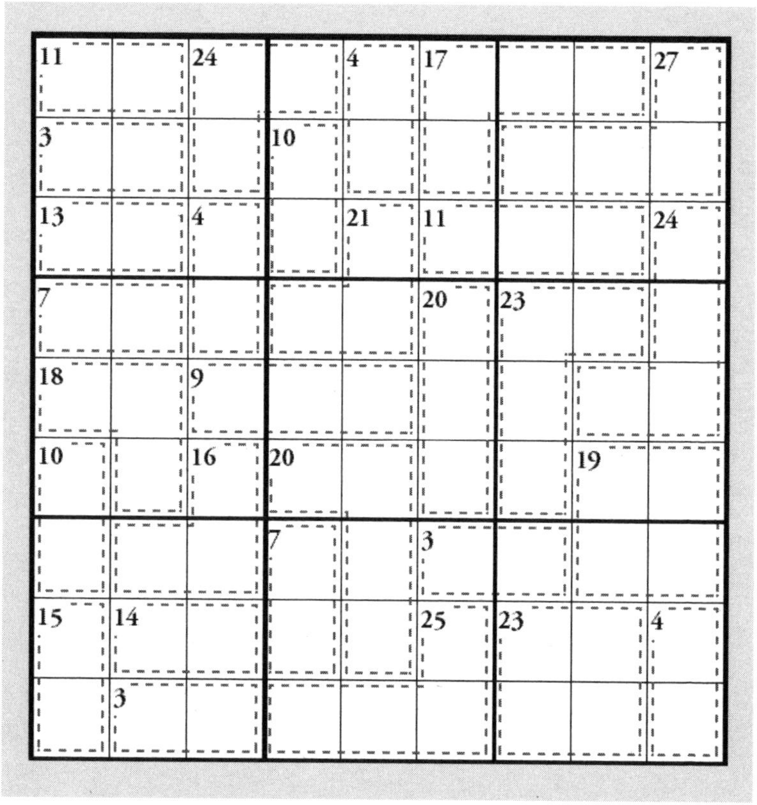

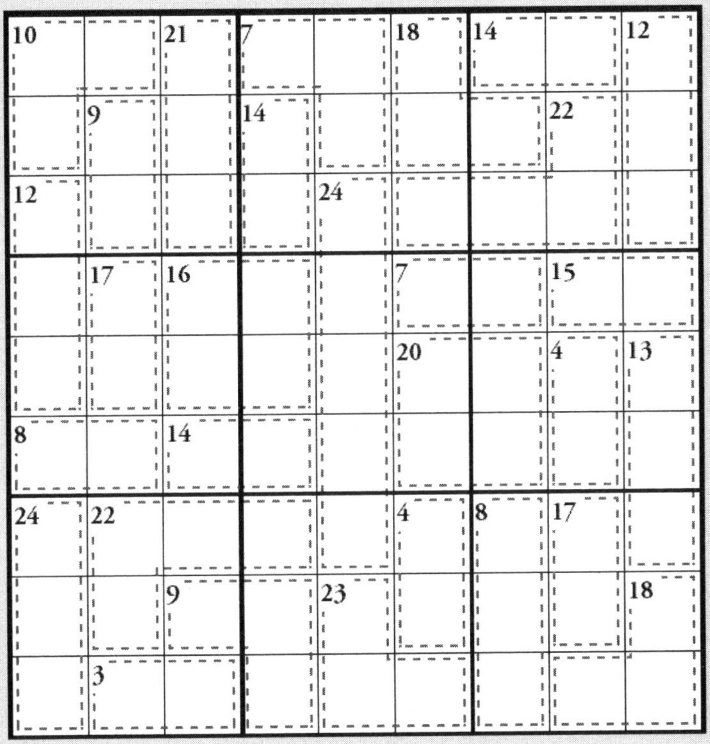
10
21
7
18
14
12
9
14
22
12
24
17
16
7
15
20
4
13
8
14
24
22
4
8
17
9
23
18
3

23			8			23		
	3		21	10	21	9		
19							13	
		12	24			18		
17	24			5			26	3
			4		5			
12	5			35			6	14
16			16			13		

7	20		24		4		12	
		24				12		12
	24		9		8			
		17		14		6		19
	10	3			16	13		
		7	24			19		
17				12			12	19
22	3							
			16					

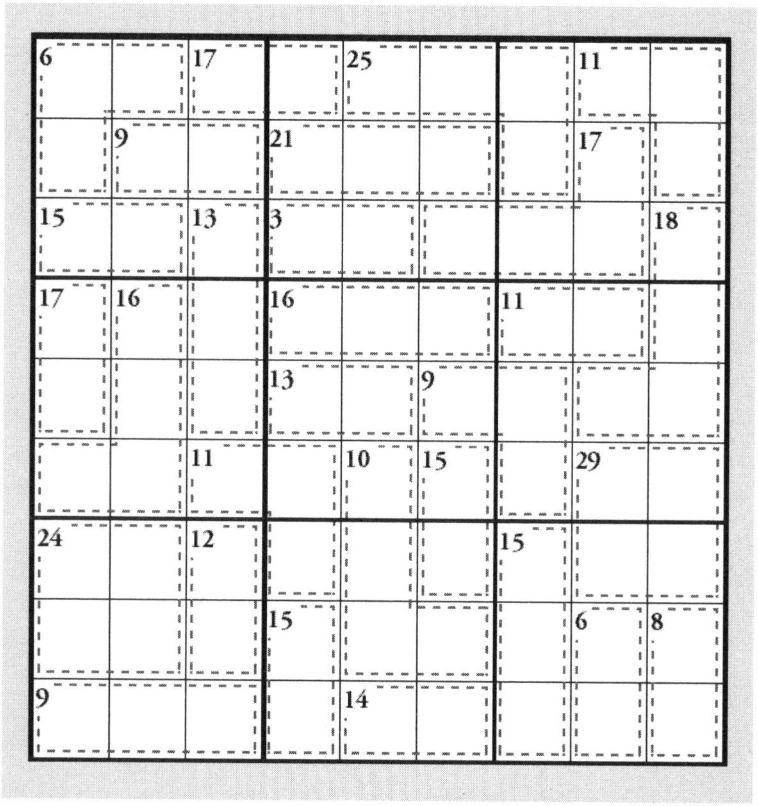
6
17
25
11
9
21
17
15
13
3
18
17
16
16
11
13
9
11
10
15
29
24
12
15
15
6
8
9
14

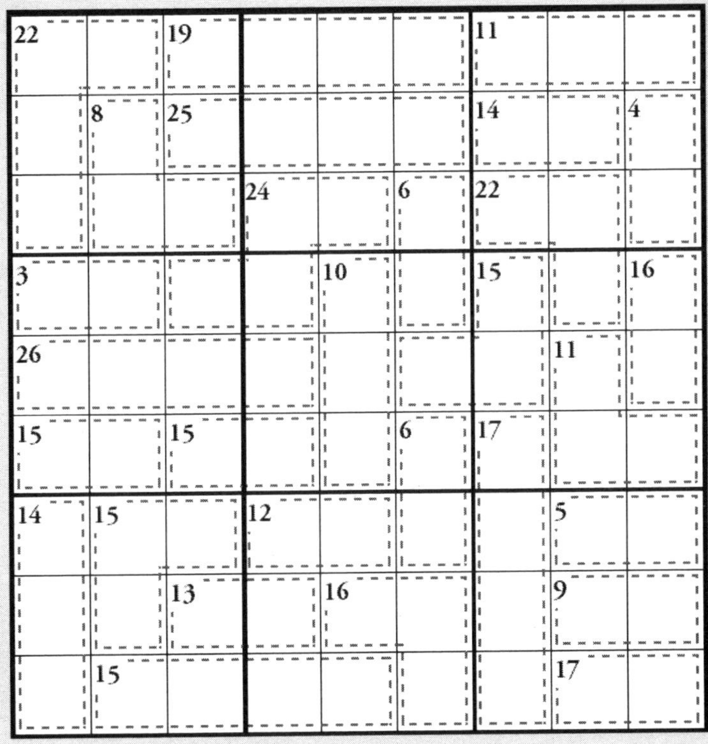
22
19
11
8
25
14
4
24
6
22
3
10
15
16
26
11
15
15
6
17
14
15
12
5
13
16
9
15
17

9	4	27		21		16	5	
				16			18	
16		3						
17				21	18		3	14
11	6	23						
					22			
20		16			11		10	
		4	18		12		13	14
17								

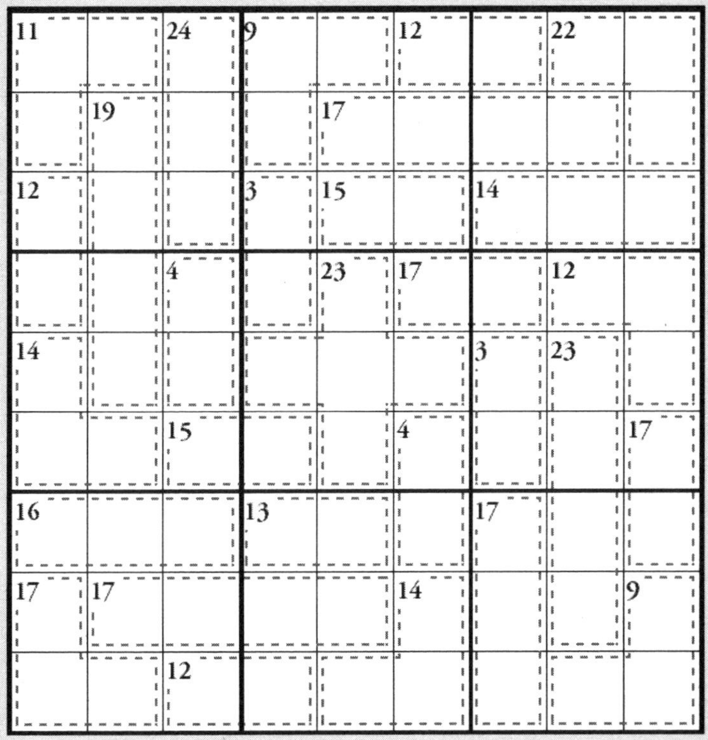
11
24
9
12
22
19
17
12
3
15
14
4
23
17
12
14
3
23
15
4
17
16
13
17
17
17
14
9
12

Killer Sudoku

10		37					16	
14			14					6
	22		12			18		
16	10		17				6	5
		22						
13			12			30		
	13	16	5	17	13	4	10	
6								20
		15			6			

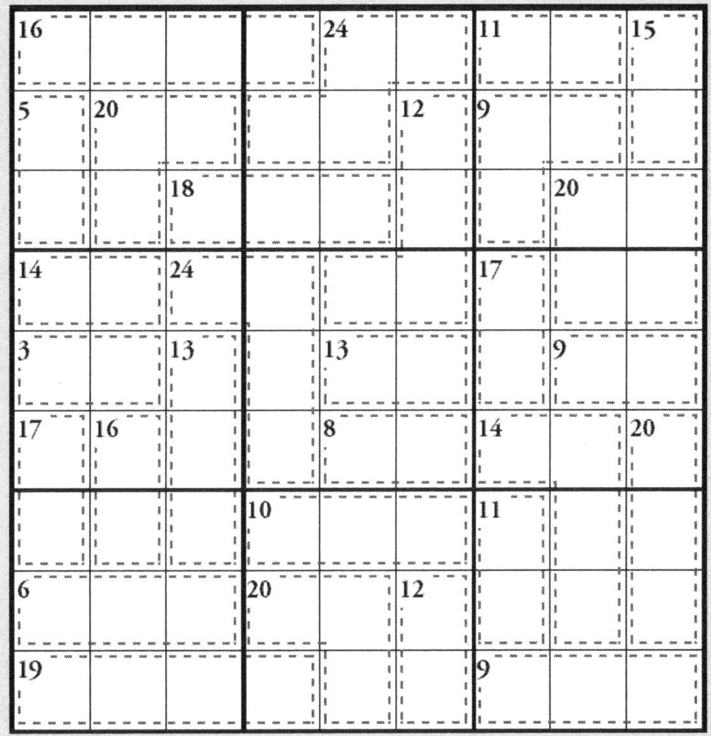
16
24
11
15
5
20
12
9
18
20
14
24
17
3
13
13
9
17
16
8
14
20
10
11
6
20
12
19
9

69

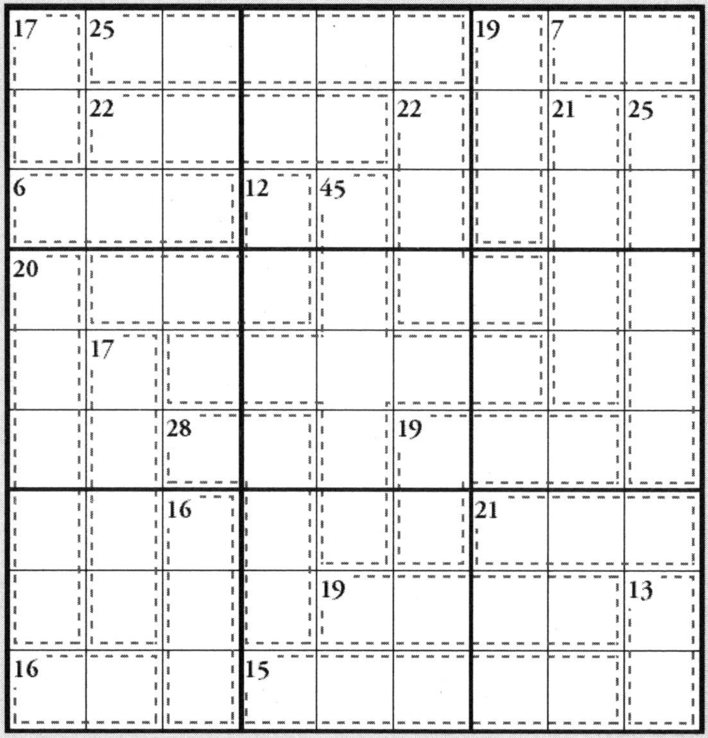
17
25
19
7
22
22
21
25
6
12
45
20
17
28
19
16
21
19
13
16
15

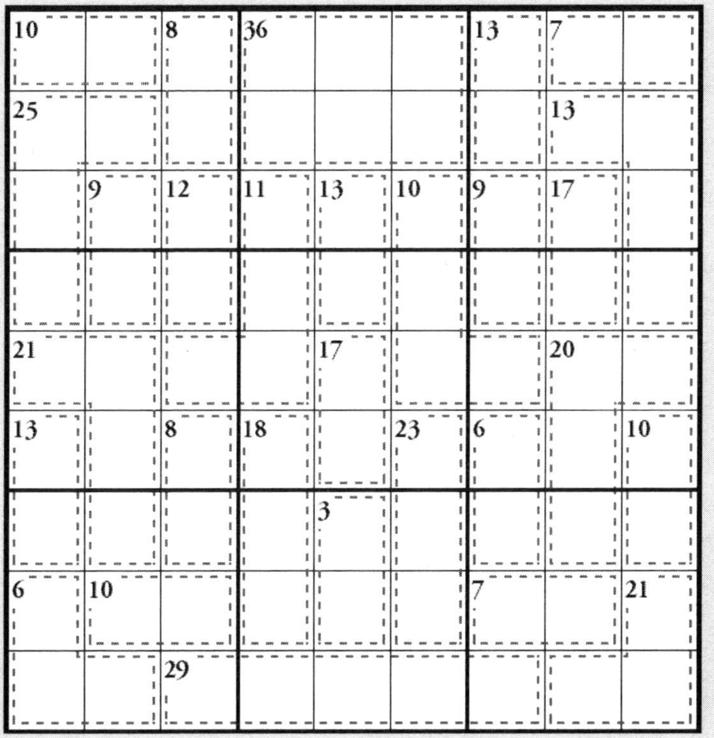
10 8 36 13 7
25 13
9 12 11 13 10 9 17
21 17 20
13 8 18 23 6 10
3
6 10 7 21
29

7		24	13	9	16		22	
					3			7
13	3	11	16	12				
					9		28	
4		26		17				22
12					21	4	9	
19								
22		11			17	23		
			5					

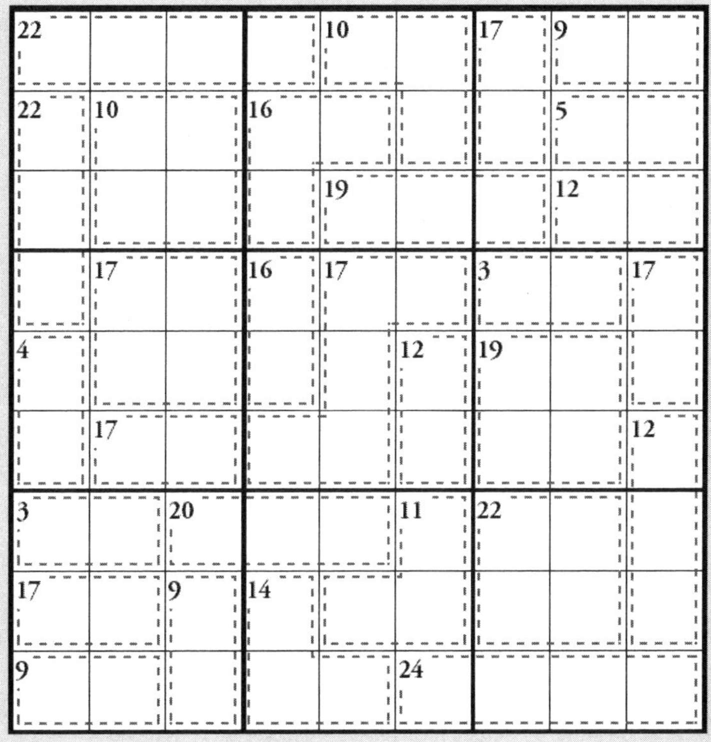
22 10 17 9
22 10 16 5
19 12
17 16 17 3 17
4 12 19
17 12
3 20 11 22
17 9 14
9 24

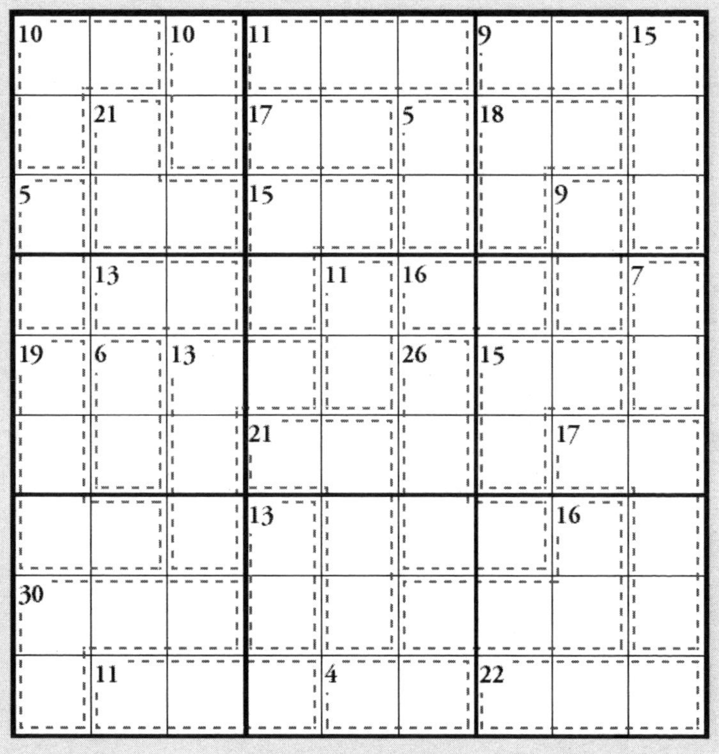

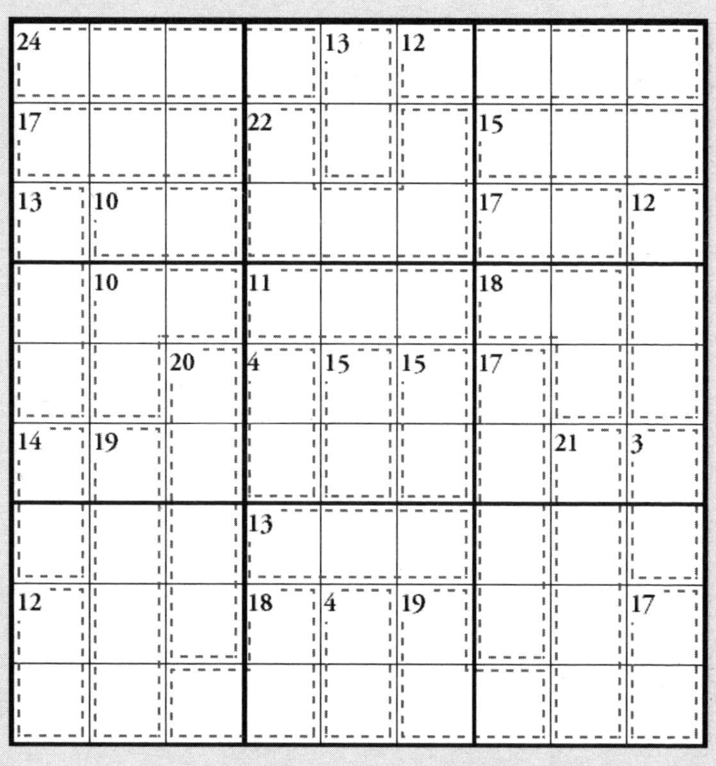
24
13
12
17
22
15
13
10
17
12
10
11
18
20
4
15
15
17
14
19
21
3
13
12
18
4
19
17

13			16		20	11		
22		3				20	25	
14			6	13	18			12
		17						
5	18						8	
		15		10	23			7
		28			8	17		
16	9			13			6	
						12		

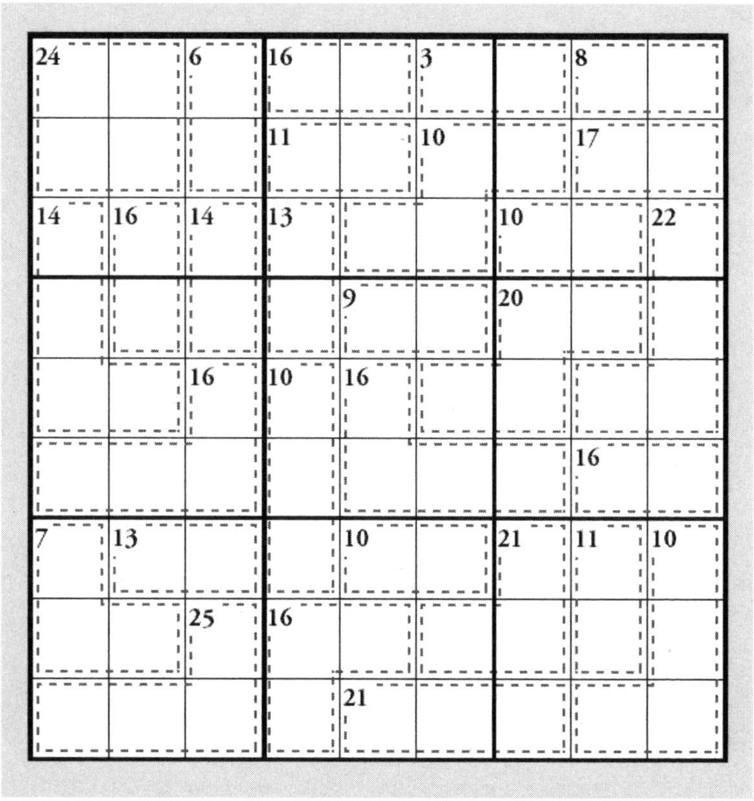
24 6 16 3 8
11 10 17
14 16 14 13 10 22
9 20
16 10 16
16
7 13 10 21 11 10
25 16
21

7	23			13	23			5
	13					14		
6	27	6			15		17	11
6		30					13	
17					24			
11		10	16			24	10	
16	8		15				4	7
			14					

24		5		18	10		24	
13		5	4					
				17		9	28	
5		25			4			
13			28			12		
21		24		7		11		
				10	15	23		
11	10					8		
					16		5	

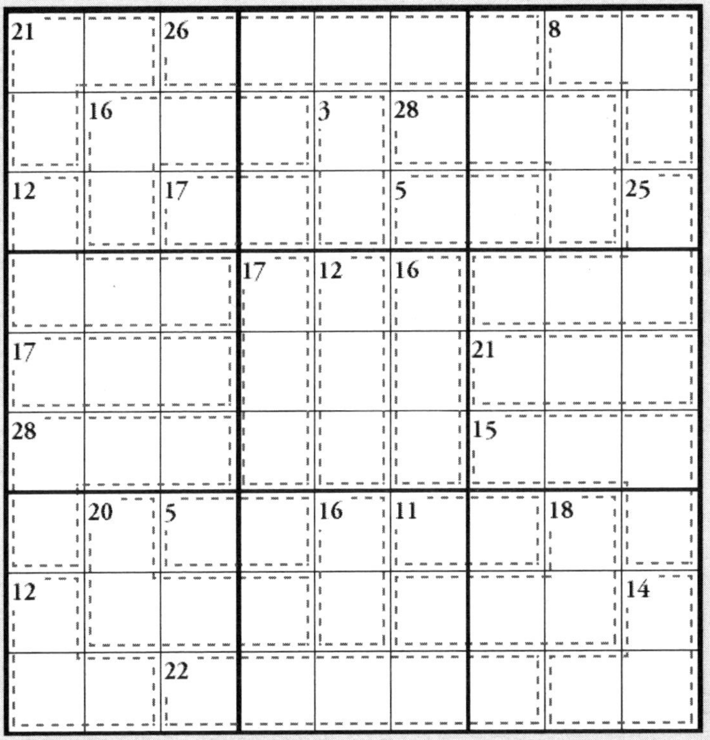
21 26 8
16 3 28
12 17 5 25
17 12 16
17 21
28 15
20 5 16 11 18
12 14
22

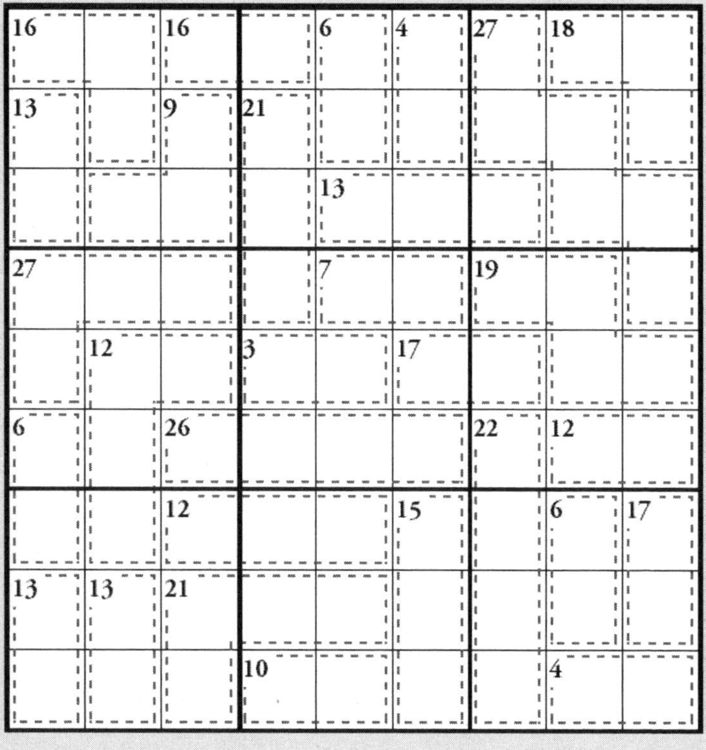
16 16 6 4 27 18
13 9 21
13
27 7 19
12 3 17
6 26 22 12
12 15 6 17
13 13 21
10 4

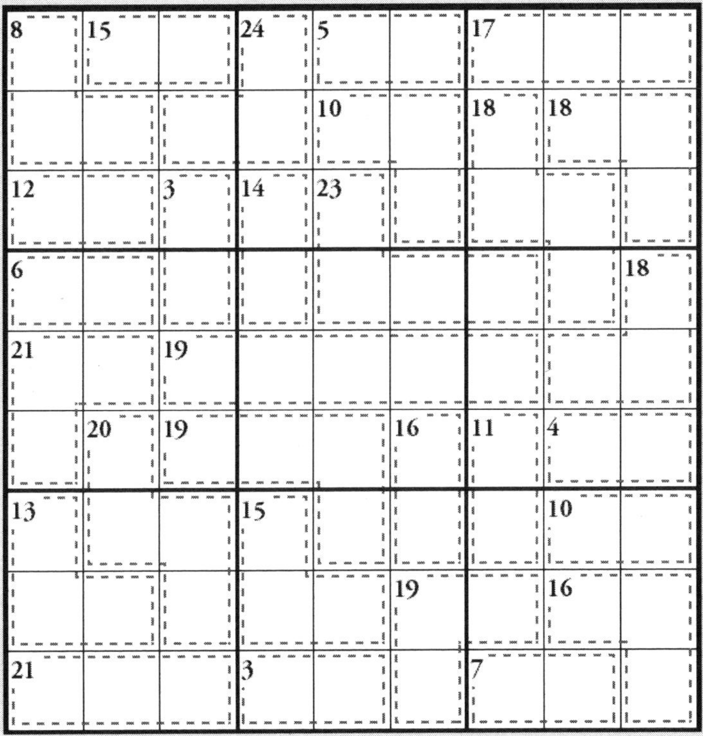
8 15 24 5 17
10 18 18
12 3 14 23
6 18
21 19
20 19 16 11 4
13 15 10
19 16
21 3 7

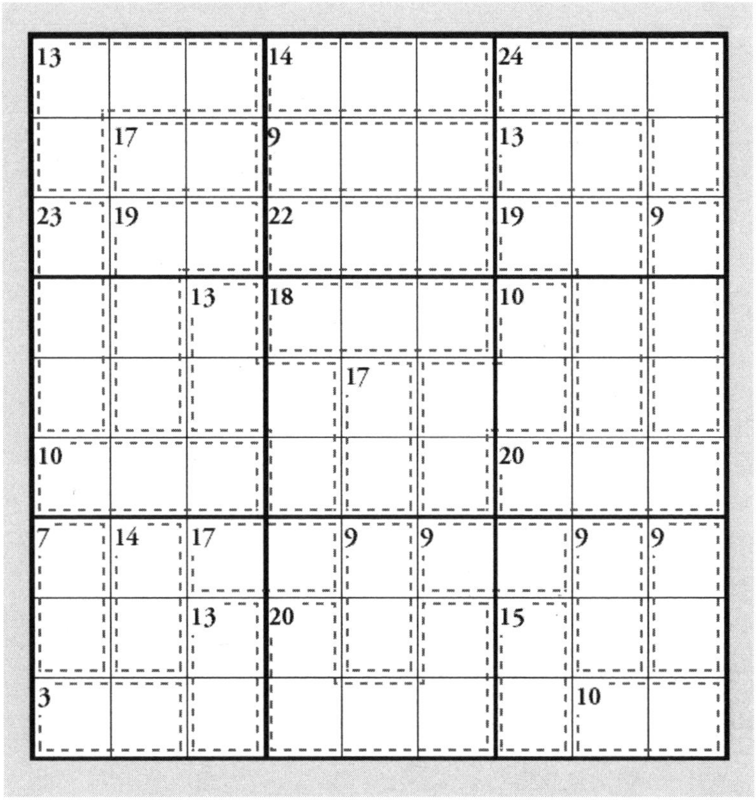
13
14
24
17
9
13
23
19
22
19
9
13
18
10
17
10
20
7
14
17
9
9
9
9
13
20
15
3
10

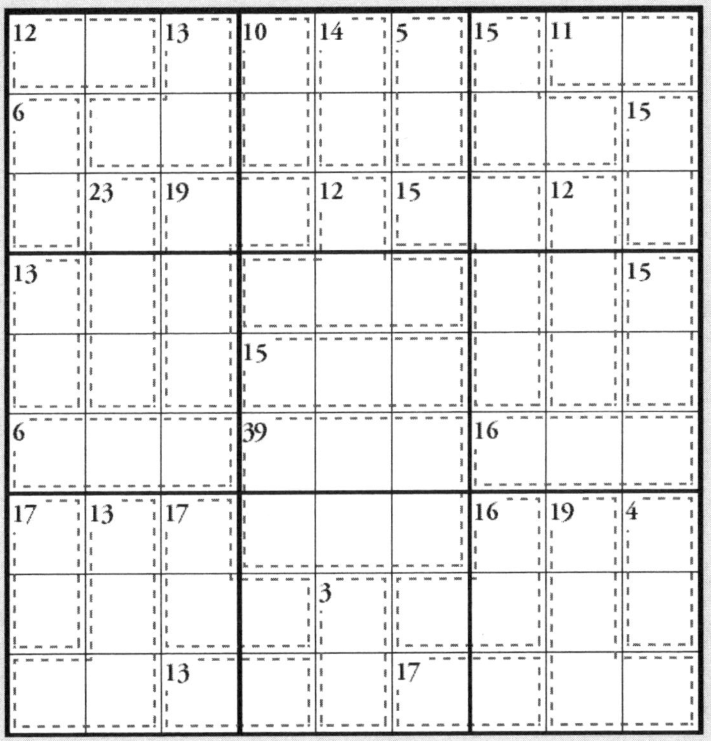
12 13 10 14 5 15 11
6 15
23 19 12 15 12
13 15
15
6 39 16
17 13 17 16 19 4
3
13 17

15		15	17	4		22	5	16
24								
	5		17		13		12	
				15				26
3	28		16	13				
						11		13
11	12			17				
				17		10	14	5
22			7					

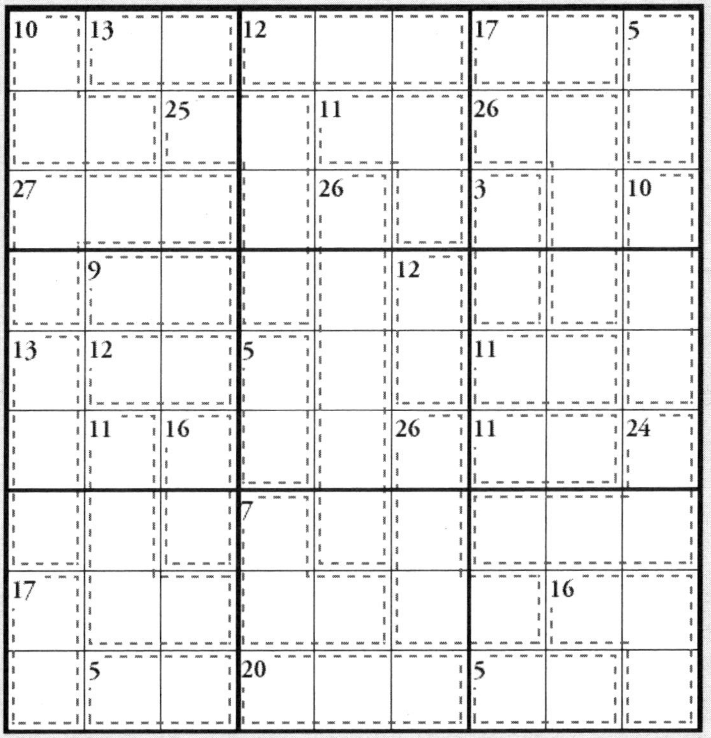
10 13 12 17 5
25 11 26
27 26 3 10
9 12
13 12 5 11
11 16 26 11 24
7
17 16
5 20 5

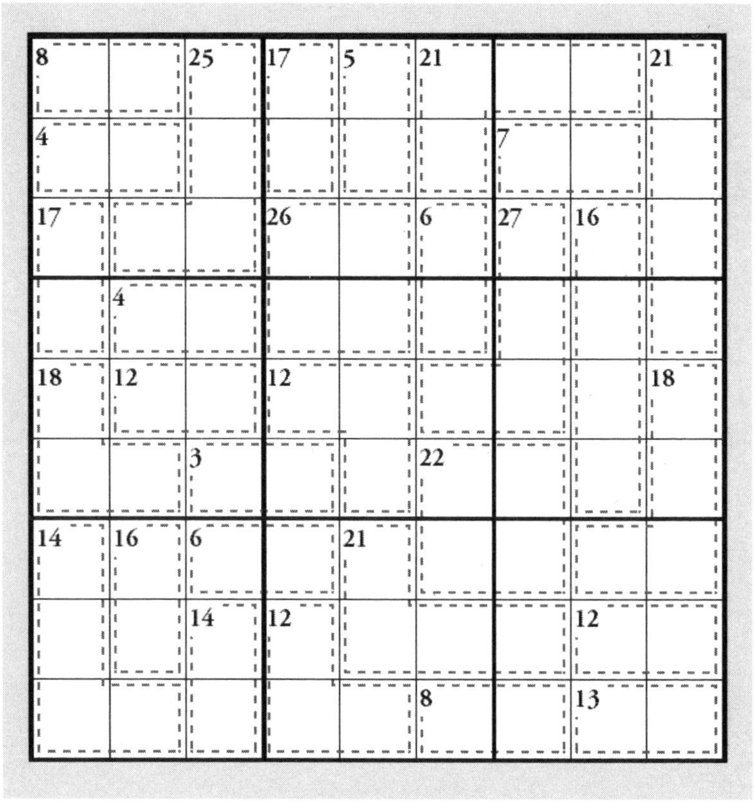

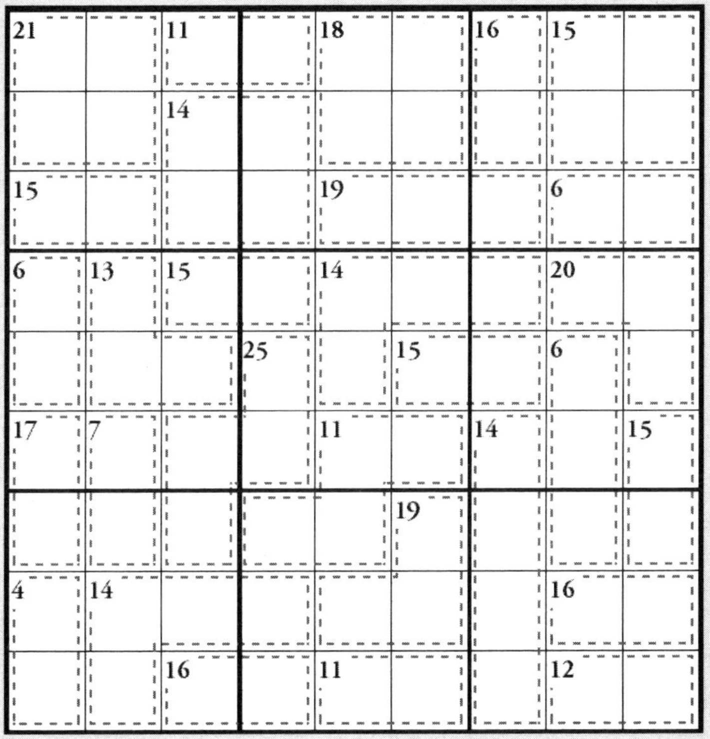
21 11 18 16 15
14
15 19 6
6 13 15 14 20
25 15 6
17 7 11 14 15
19
4 14 16
16 11 12

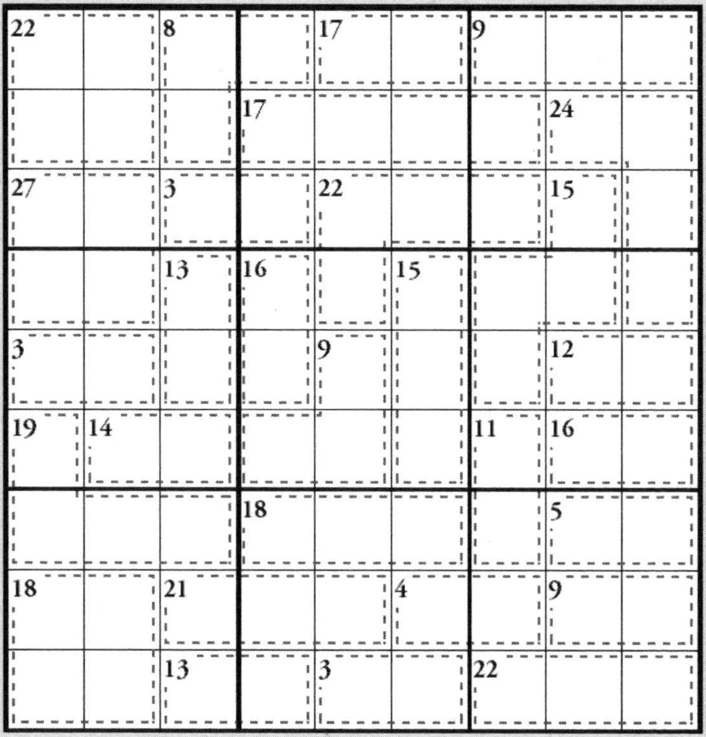

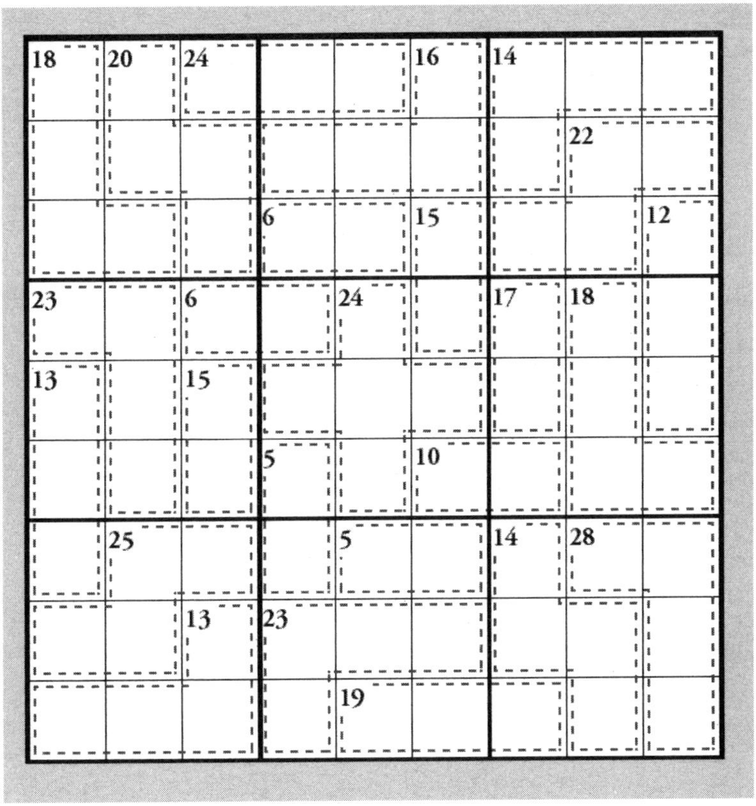
18
20
24
16
14
22
6
15
12
23
6
24
17
18
13
15
5
10
25
5
14
28
13
23
19

4		29		6	13		8	12
19						18		
17			28		19		4	
	5	10					23	
						5	11	
24			15					
3	23			19			6	
		23	6		14		15	13
				13				

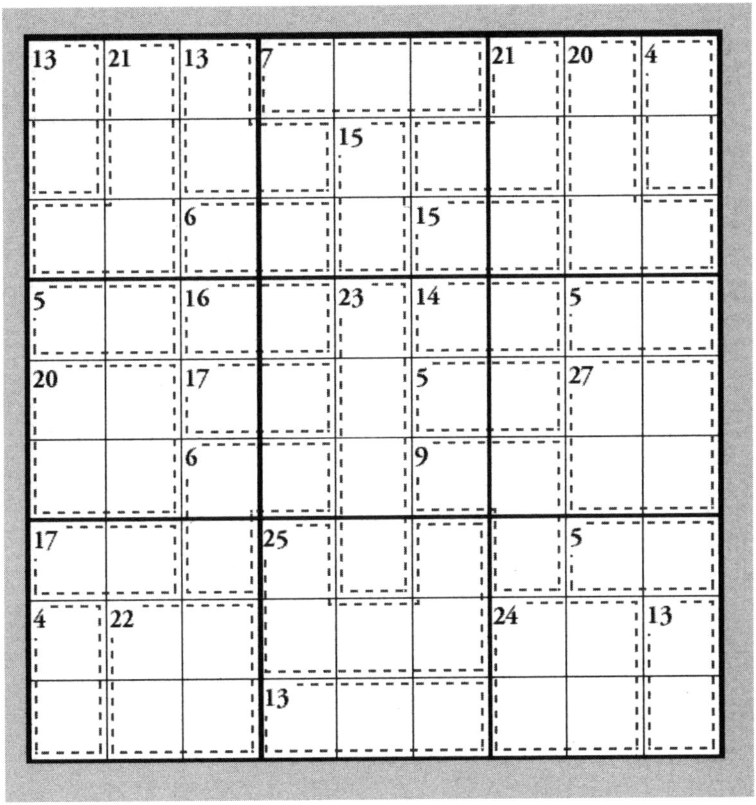
13 21 13 7 21 20 4
15
6 15
5 16 23 14 5
20 17 5 27
6 9
17 25 5
4 22 24 13
13

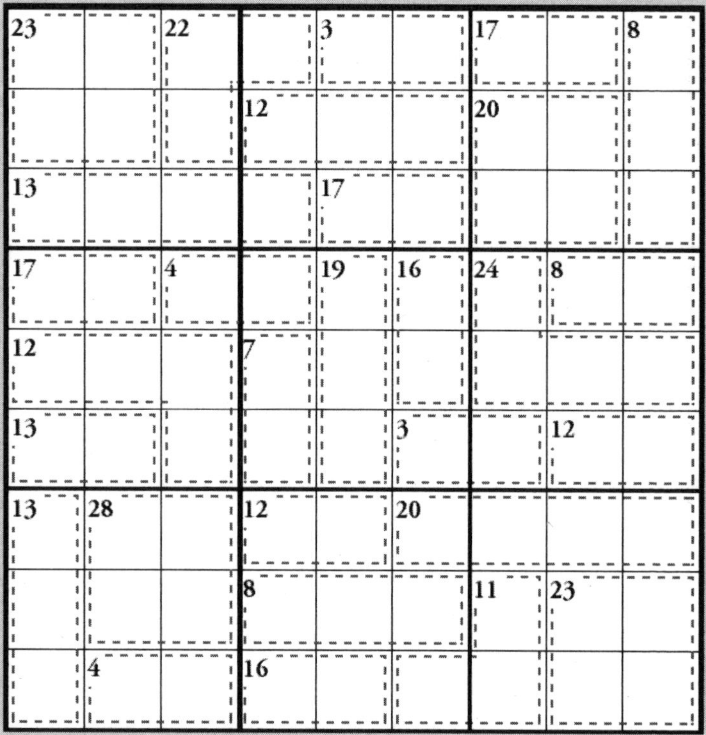
23 22 3 17 8
12 20
13 17
17 4 19 16 24 8
12 7
13 3 12
13 28 12 20
8 11 23
4 16

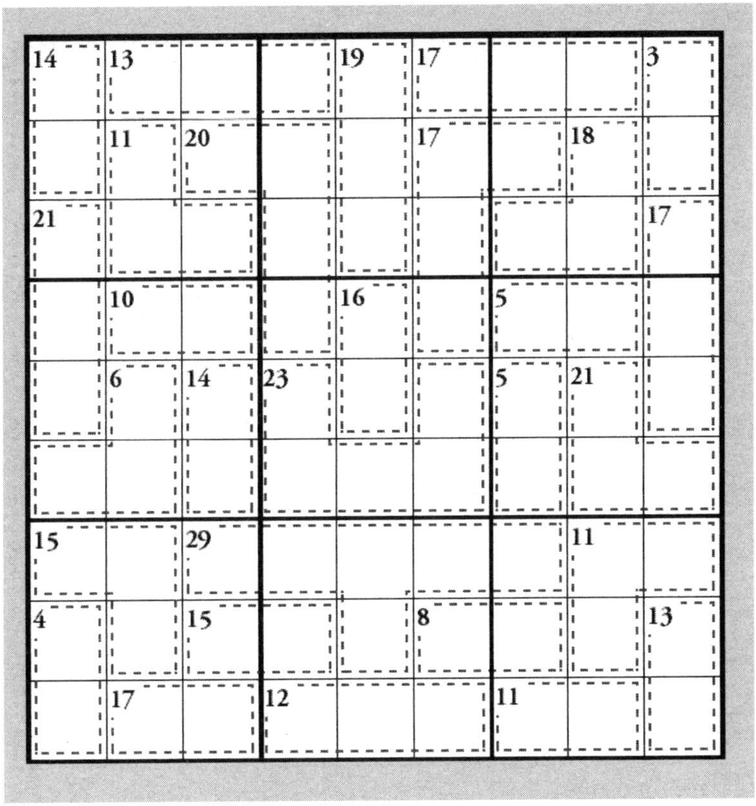

14
13
19
17
3
11
20
17
18
21
17
10
16
5
6
14
23
5
21
15
29
11
4
15
8
13
17
12
11

6	21	3		8	16		12	12
		24			22			
			11					
17			4	16	11	20		
4	24						12	13
			14					
12			37			20		
17	16						22	3
			8					

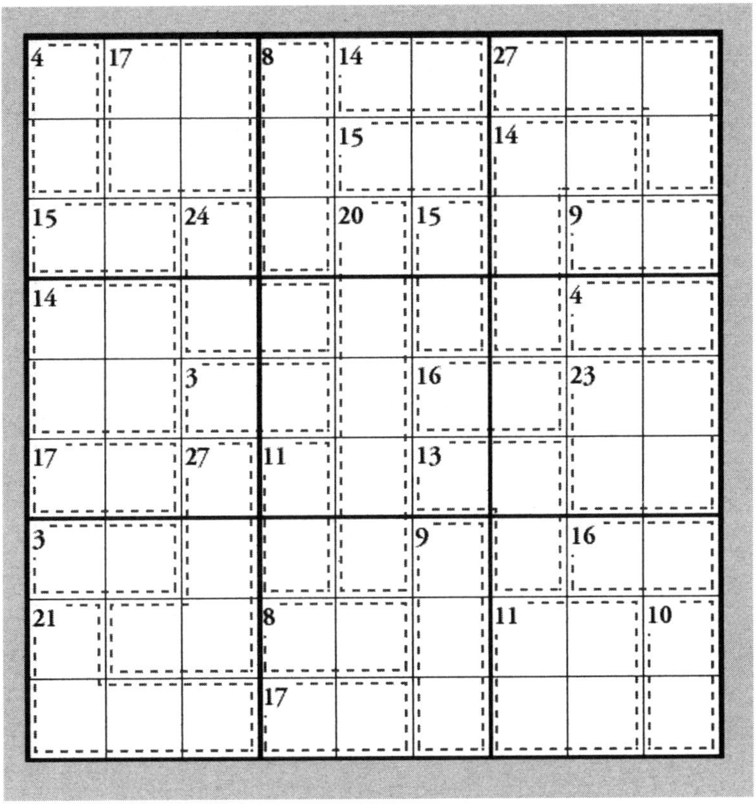
4 17 8 14 27
15 14
15 24 20 15 9
14 4
3 16 23
17 27 11 13
3 9 16
21 8 11 10
17

3	25	13	17	9	4		19	
					22			
7		7	13			3		18
				28				
16		3			14		25	
14		18						
20			15		17	24	12	9
	4							
	18			8				

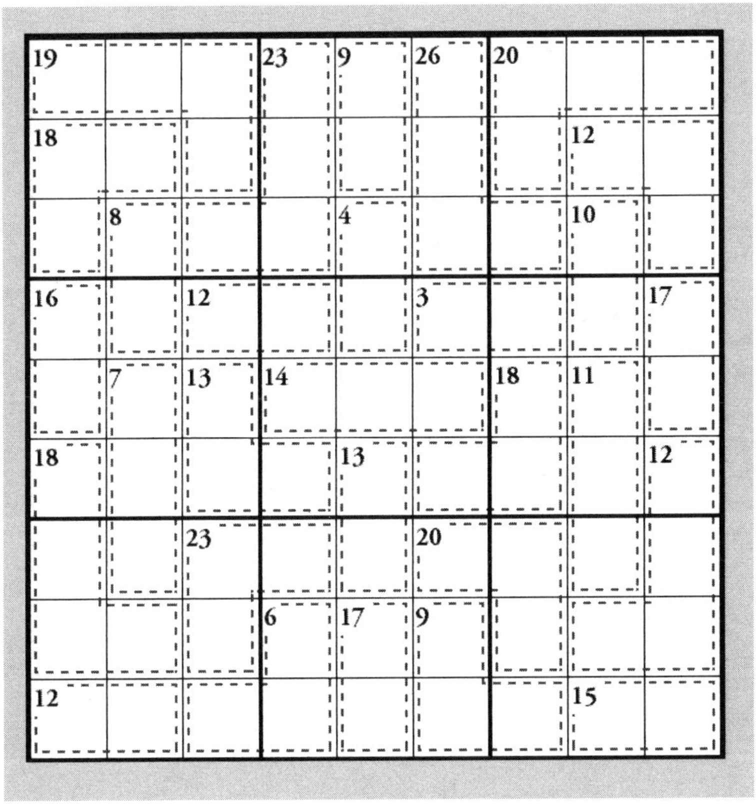
19
23
9
26
20
18
12
8
4
10
16
12
3
17
7
13
14
18
11
18
13
12
23
20
6
17
9
12
15

21	9	20		17		24		3
					8			
	8	26				15	9	
15				22			9	22
		10						
15				19	3	4	25	
20								
3	17	17			16	12	12	
			4					

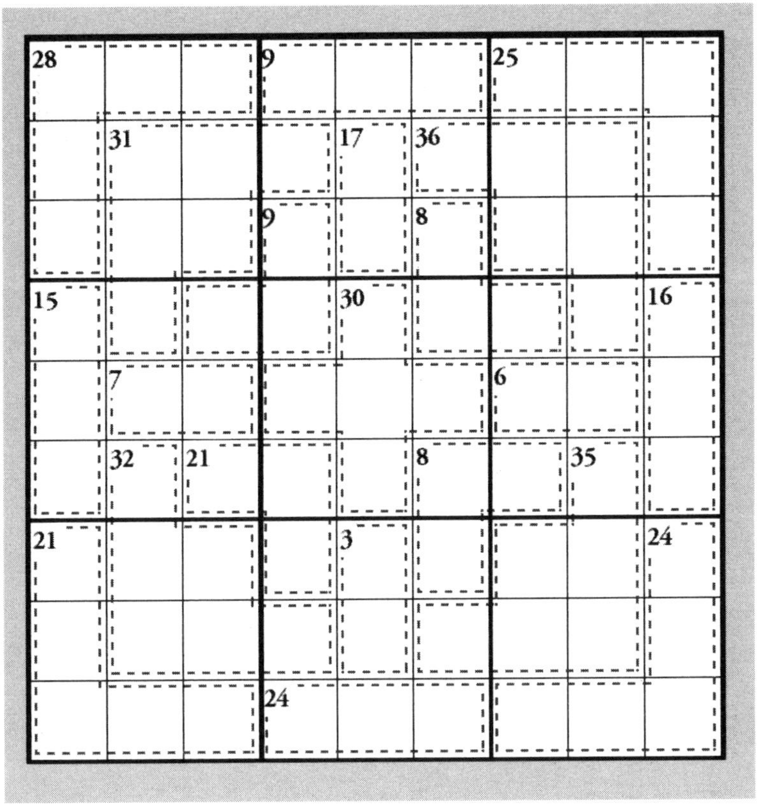
28
9
25
31
17
36
9
8
15
30
16
7
6
32
21
8
35
21
3
24
24

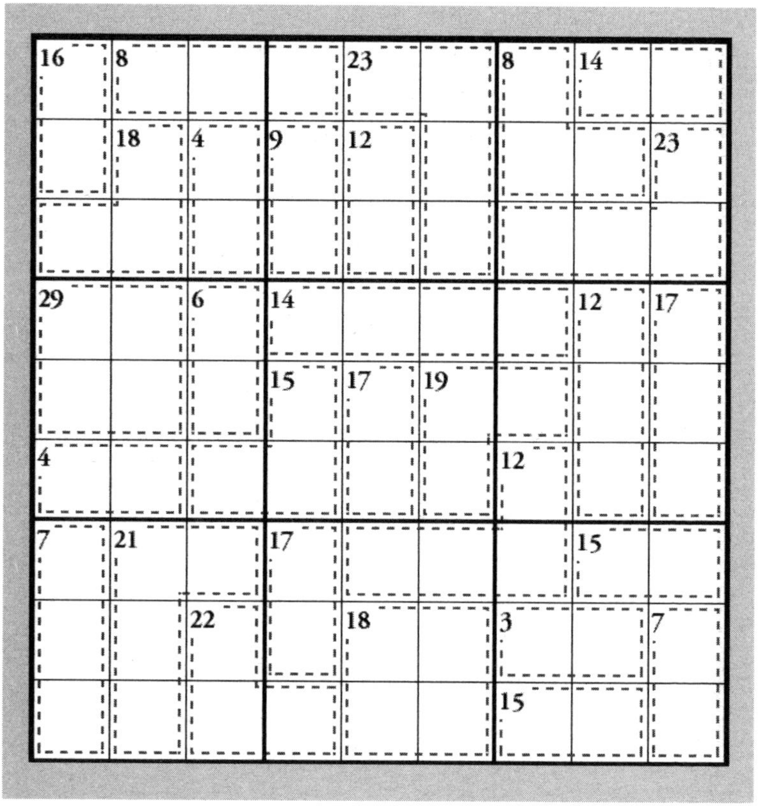
16
8
23
8
14
18
4
9
12
23
29
6
14
12
17
15
17
19
4
12
7
21
17
15
22
18
3
7
15

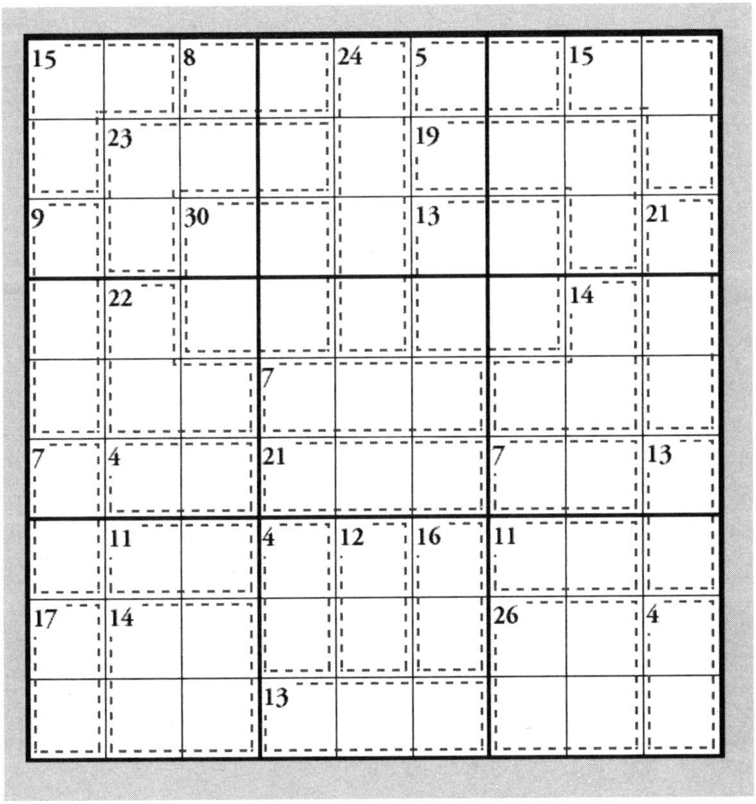
15
8
24
5
15
23
19
9
30
13
21
22
14
7
7
4
21
7
13
11
4
12
16
11
17
14
26
4
13

12	17		30		4		18	7
					15			
19			10	9		9	8	17
12								
12	17			3			18	
		11	29			21		14
15	18			6	14		5	
		6		29				

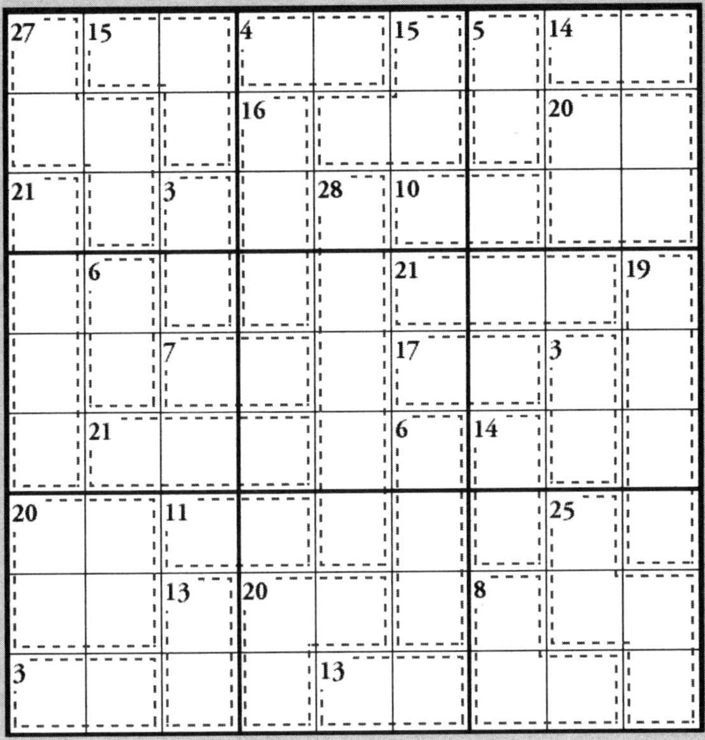
27 15 4 15 5 14
16 20
21 3 28 10
6 21 19
7 17 3
21 6 14
20 11 25
13 20 8
3 13

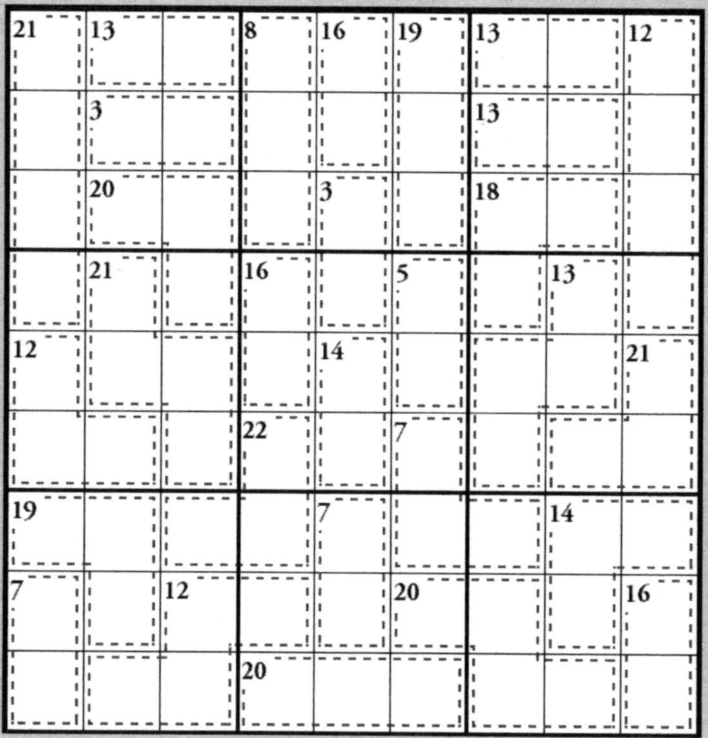
21
13
8
16
19
13
12
3
13
20
3
18
21
16
5
13
12
14
21
22
7
19
7
14
7
12
20
16
20

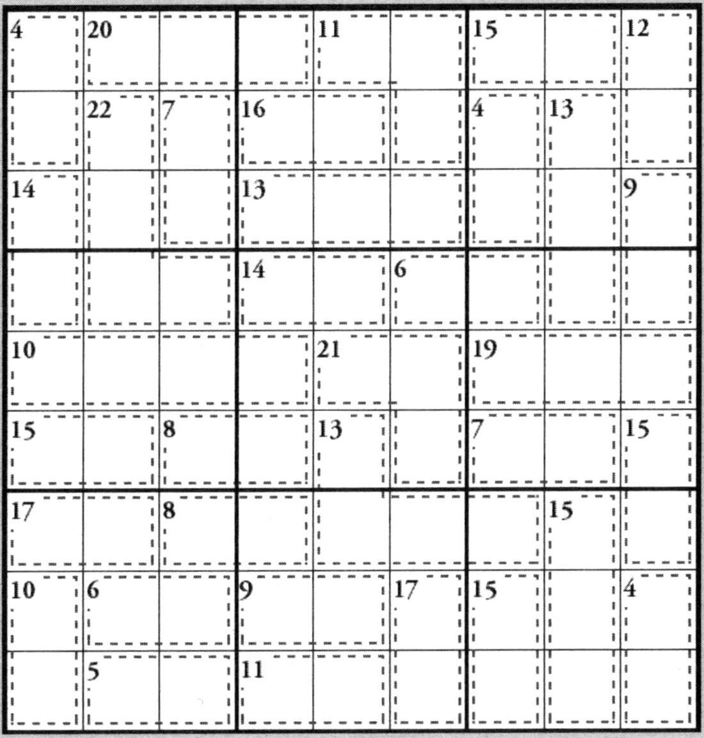
4
20
11
15
12
22
7
16
4
13
14
13
9
14
6
10
21
19
15
8
13
7
15
17
8
15
10
6
9
17
15
4
5
11

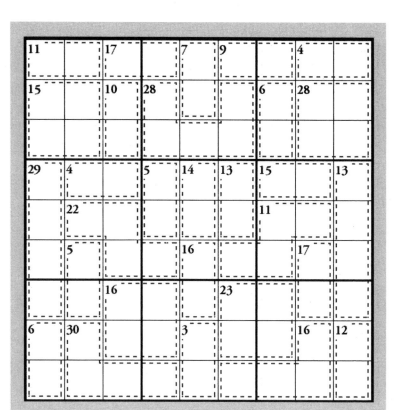

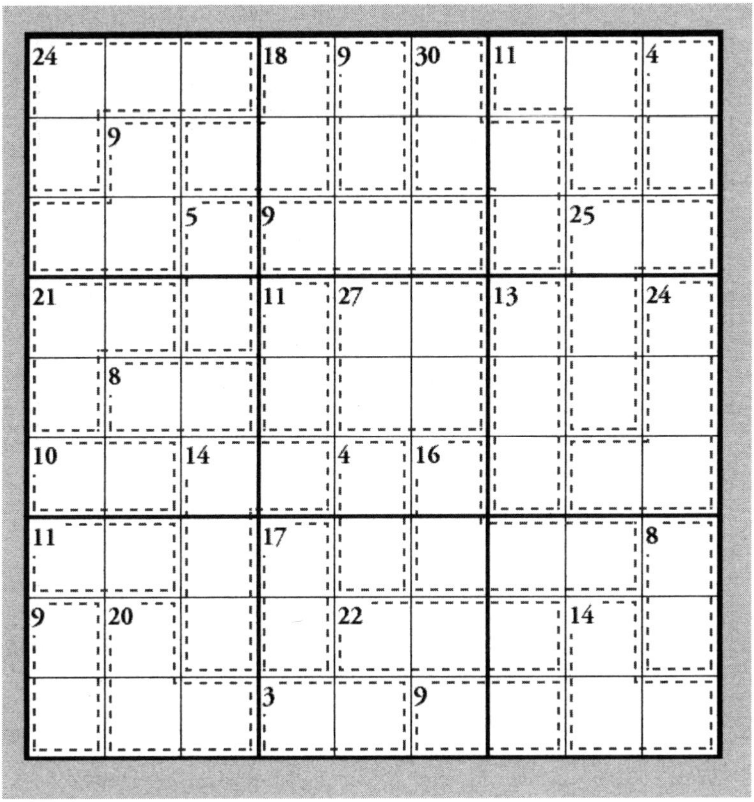
24 18 9 30 11 4
9
5 9 25
21 11 27 13 24
8
10 14 4 16
11 17 8
9 20 22 14
3 9

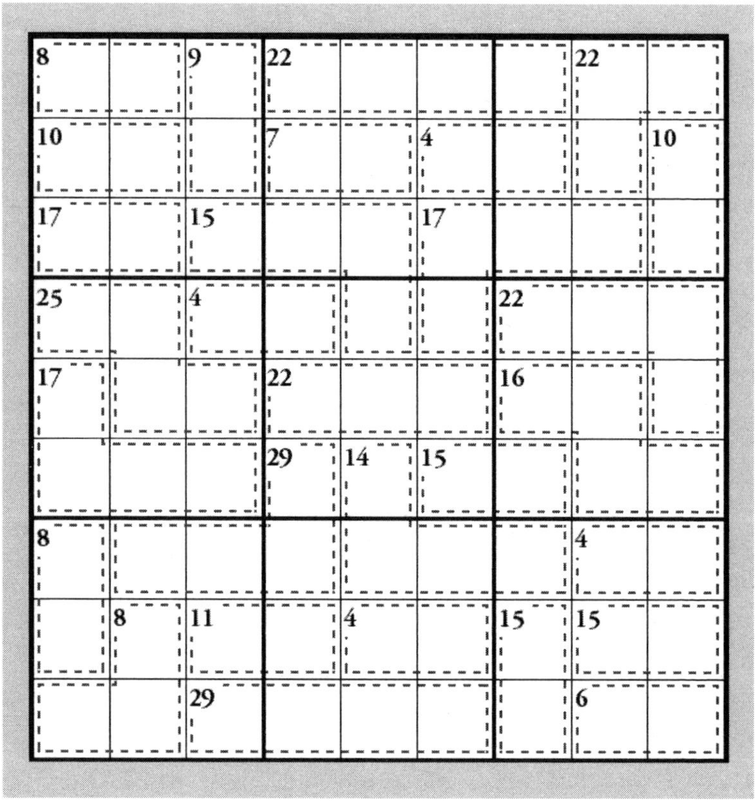
8 9 22 22
10 7 4 10
17 15 17
25 4 22
17 22 16
29 14 15
8 4
8 11 4 15 15
29 6

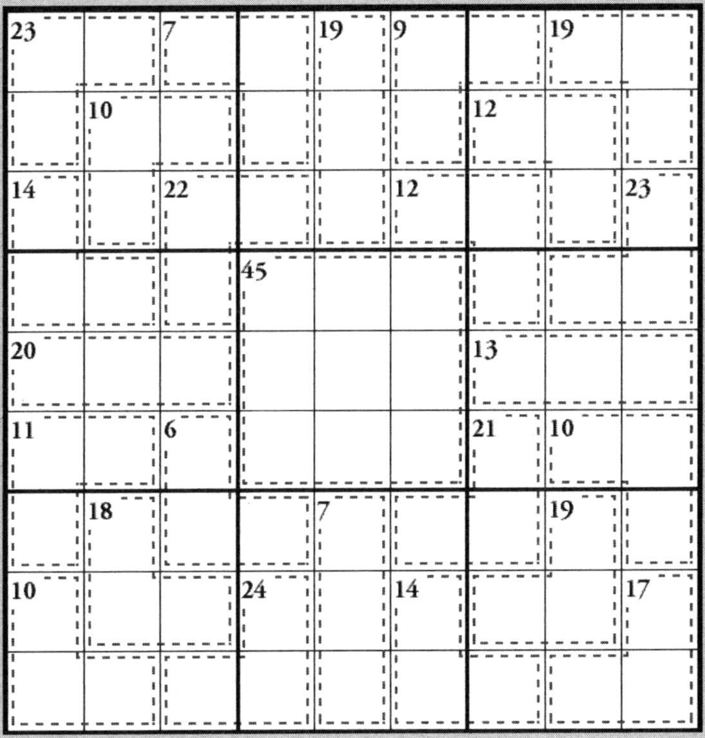
23 7 19 9 19
10 12
14 22 12 23
45
20 13
11 6 21 10
18 7 19
10 24 14 17

7	20			7		24	6	5
	19			24				
19	5	14	10		18	20		9
	13				11			17
6	12			22		13	21	
28		14			14		16	
			8				3	

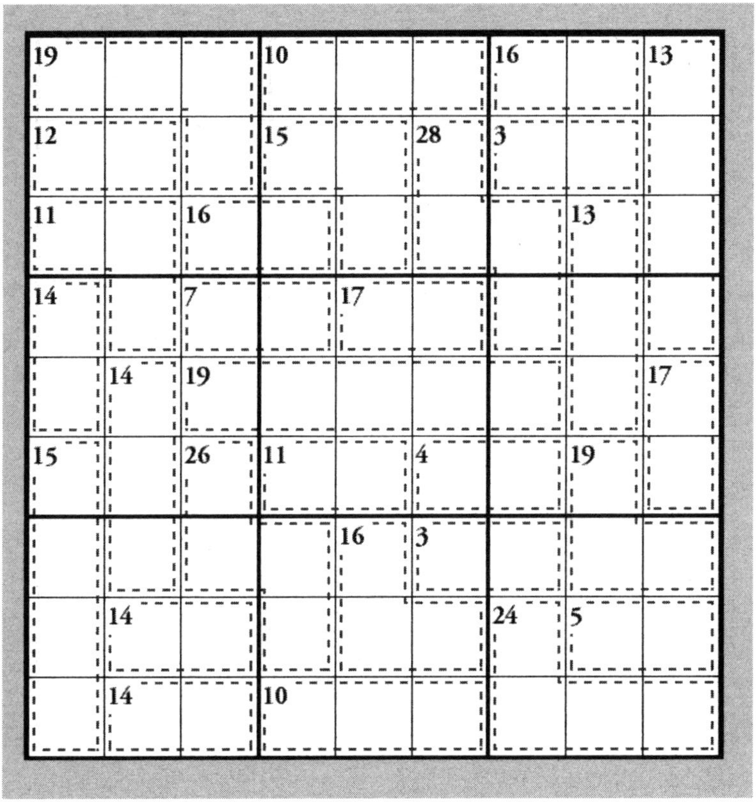
19
10
16
13
12
15
28
3
11
16
13
14
7
17
14
19
17
15
26
11
4
19
16
3
14
24
5
14
10

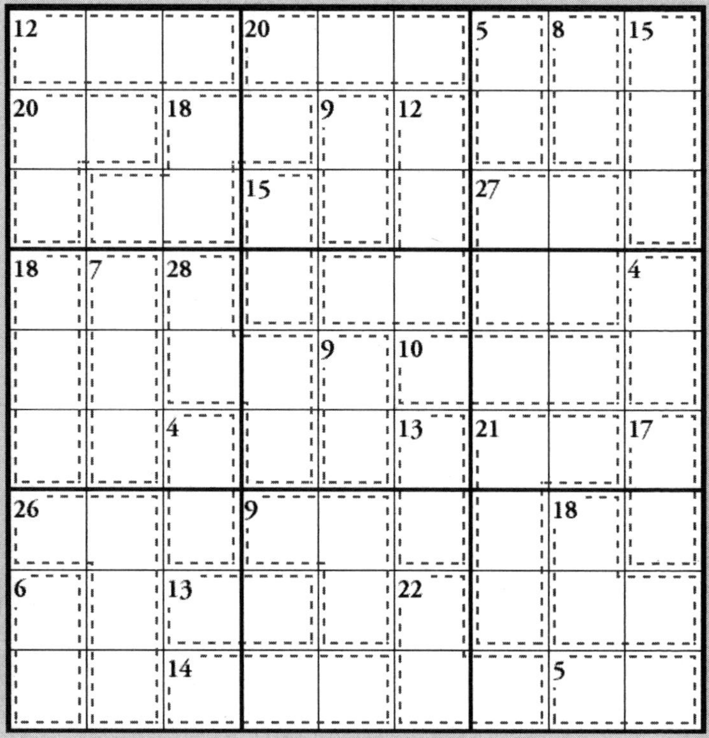
12 20 5 8 15
20 18 9 12
15 27
18 7 28 4
9 10
4 13 21 17
26 9 18
6 13 22
14 5

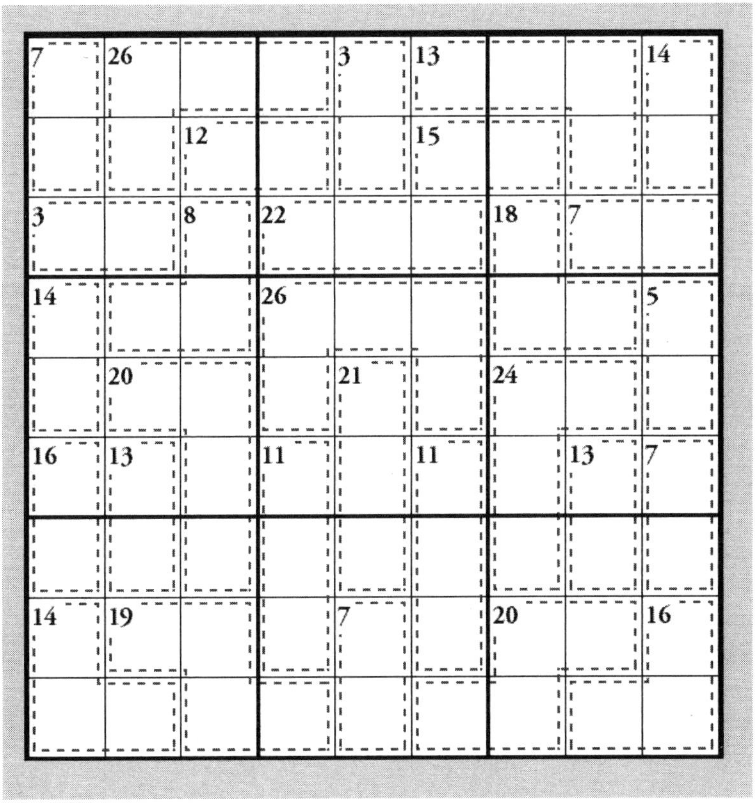
7
26
3
13
14
12
15
3
8
22
18
7
14
26
5
20
21
24
16
13
11
11
13
7
14
19
7
20
16

115

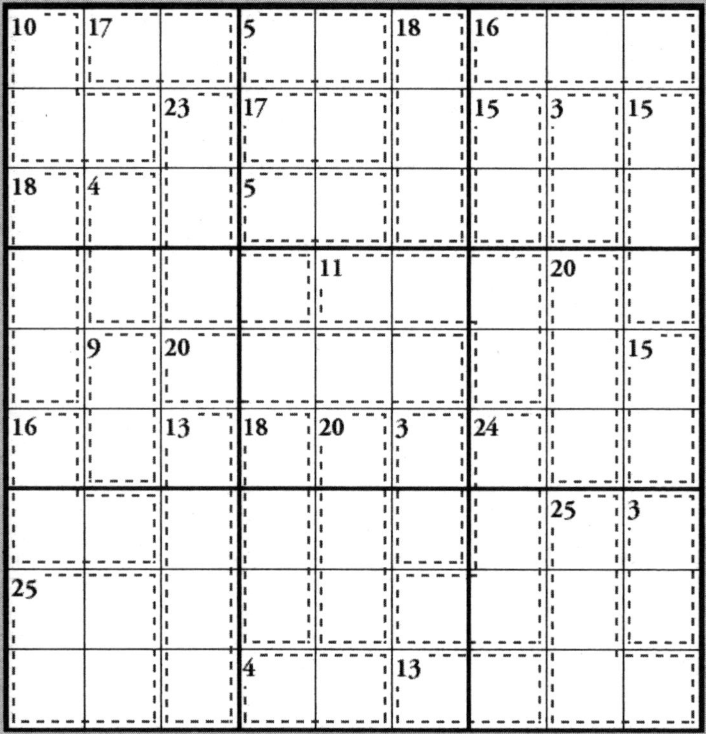
10 17 5 18 16
23 17 15 3 15
18 4 5
11 20
9 20 15
16 13 18 20 3 24
25 3
25
4 13

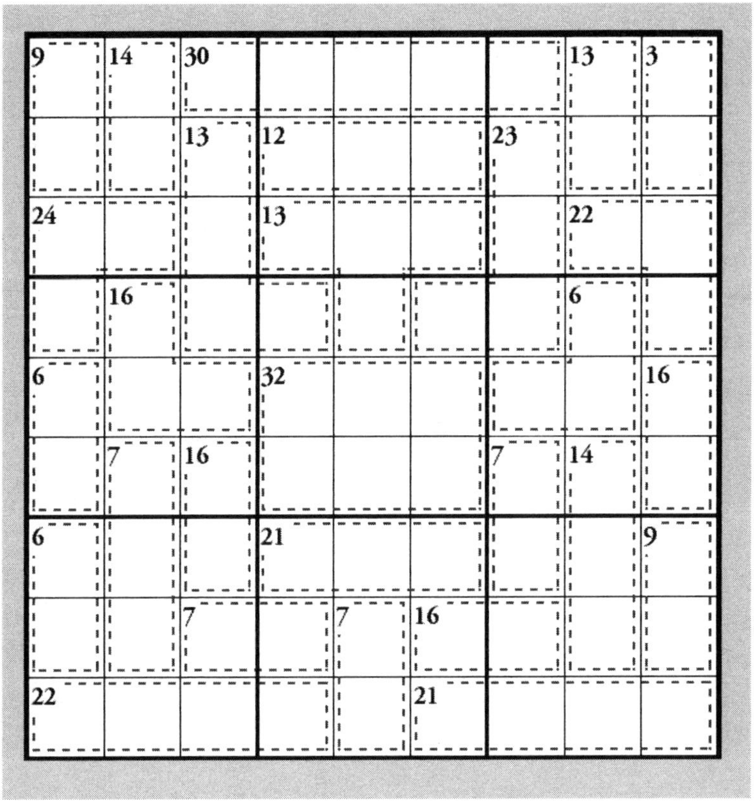
9 14 30 13 3
13 12 23
24 13 22
16 6
6 32 16
7 16 7 14
6 21 9
7 7 16
22 21

25	7		17	7	7	15	8	11
		25						
16					7			16
		22		7	27			
						18		
20		7		16			11	
	3	26			10	4		13
17						19		
	10				14			

22			16		4		13	9
20	8		16		14			
		7			9	16		18
	11	21						
			23			21		19
20		5			11			
			4			10		
28			20		16		4	
	4					16		

19	26				18		11	
	18			12			14	
	4				11			17
6		7			17	5	14	
19		23	3					18
			12	13		17		
24								
		20			16		4	
3		22					12	

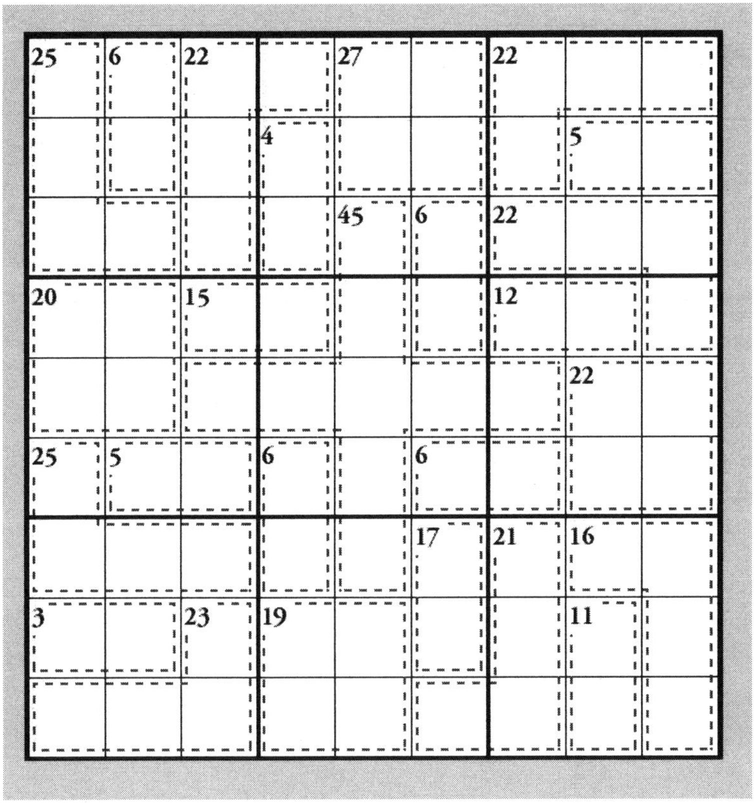
25
6
22
27
22
4
5
45
6
22
20
15
12
22
25
5
6
6
17
21
16
3
23
19
11

121

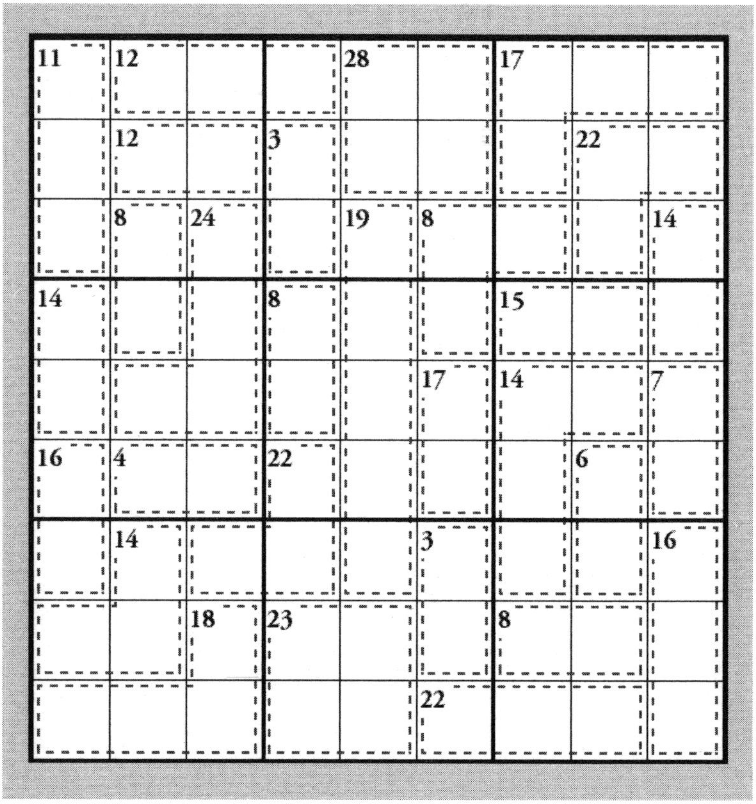

13	8	17		14		24	3	
				14			15	10
	17							
15	13	22			10			14
			12			24	17	
	8							
16	12		18		10	3		20
		15				18		
9			14					

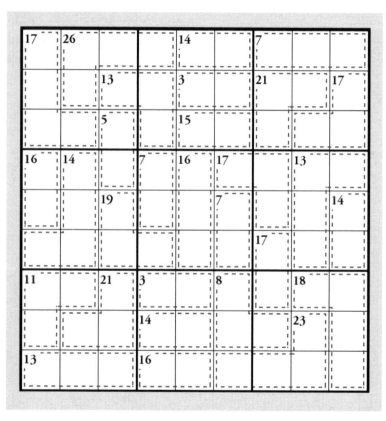

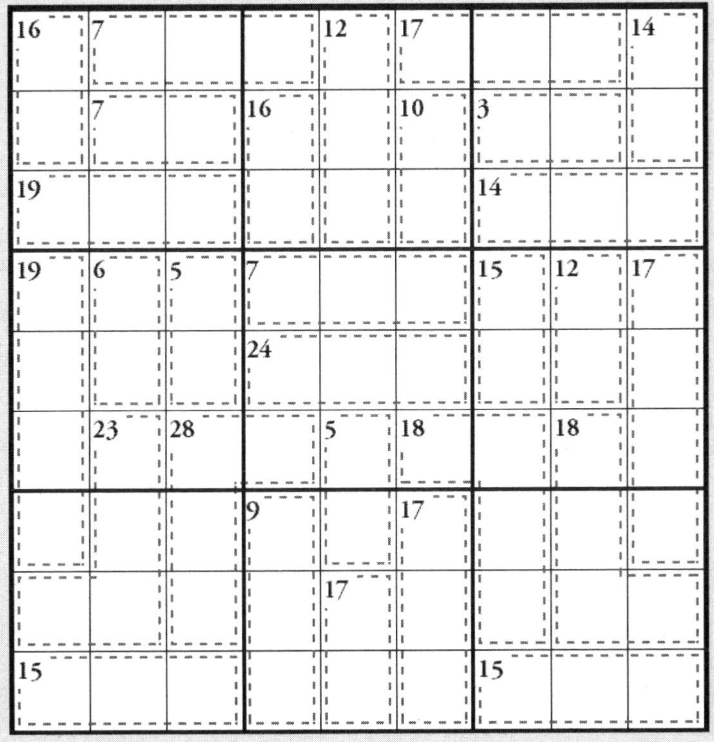
16
7
12
17
14
7
16
10
3
19
14
19
6
5
7
15
12
17
24
23
28
5
18
18
9
17
17
15
15

11	11			21		16		
	19	14				15	12	
		21		3			17	
	15			5				
7	16	20		26	10	21		
			8			8	20	
23								
	5			17		17		
	8		3		16			

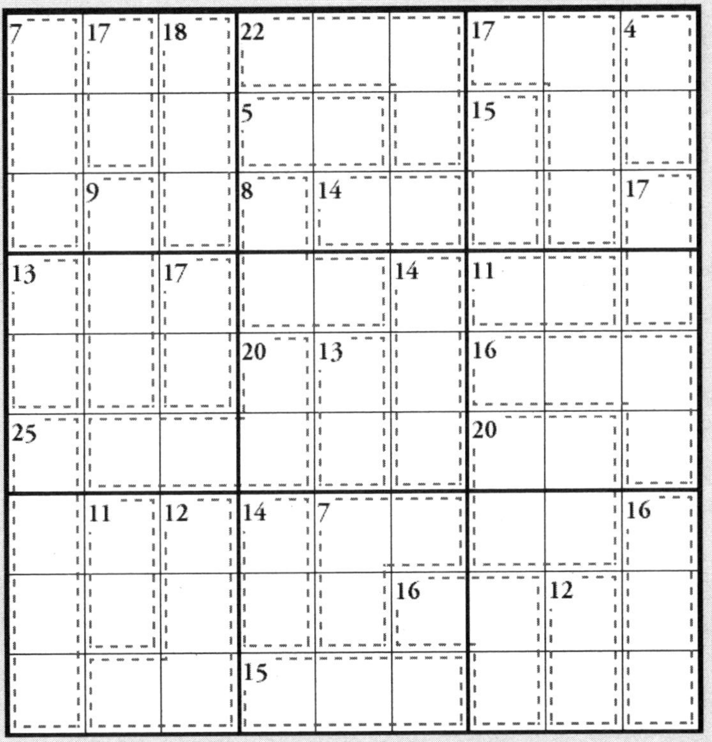

7
17
18
22
17
4
5
15
9
8
14
17
13
17
14
11
20
13
16
25
20
11
12
14
7
16
16
12
15

6	15	25		6		17	3	7
				21				
18					26			
	7	12	20		5	17		
10						11	17	
	16			22	21			
7		20					20	
24		6			8	14		
							4	

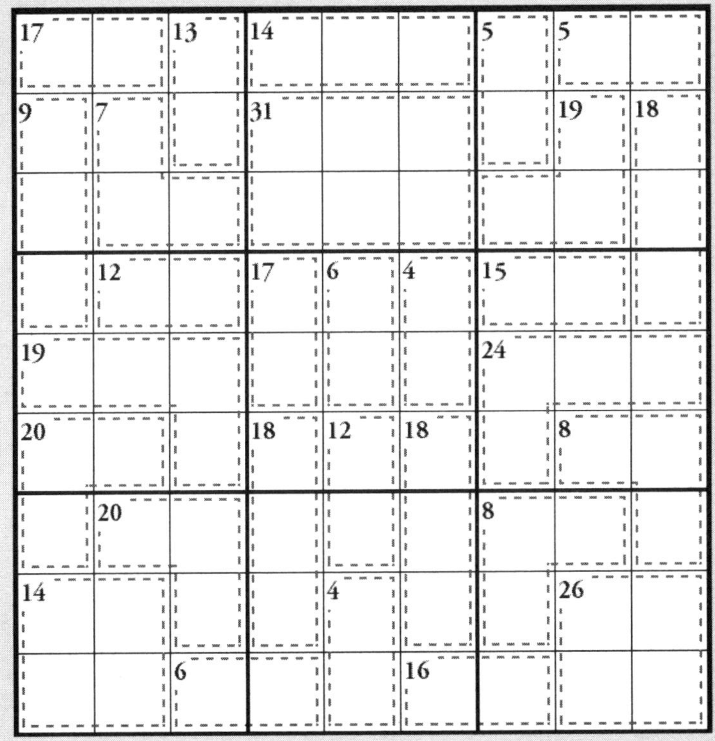
17
13
14
5
5
9
7
31
19
18
12
17
6
4
15
19
24
20
18
12
18
8
20
8
14
4
26
6
16

22		23				15	14	
25		3	4	24	18			
							6	16
	10	9			14			
			18		6			5
18				16		15		
18			16					
7	25	14	9			18	13	
			4					

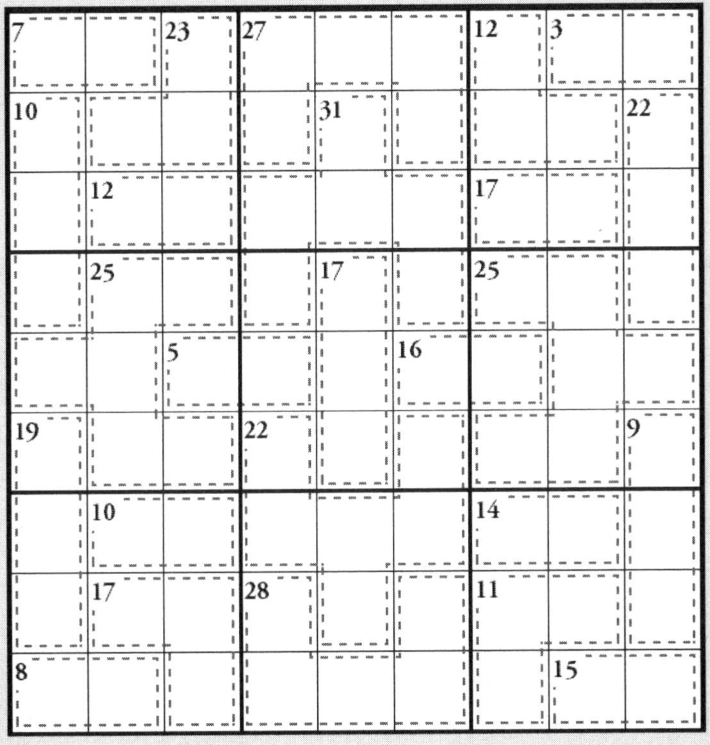
7
23
27
12
3
10
31
22
12
17
25
17
25
5
16
19
22
9
10
14
17
28
11
8
15

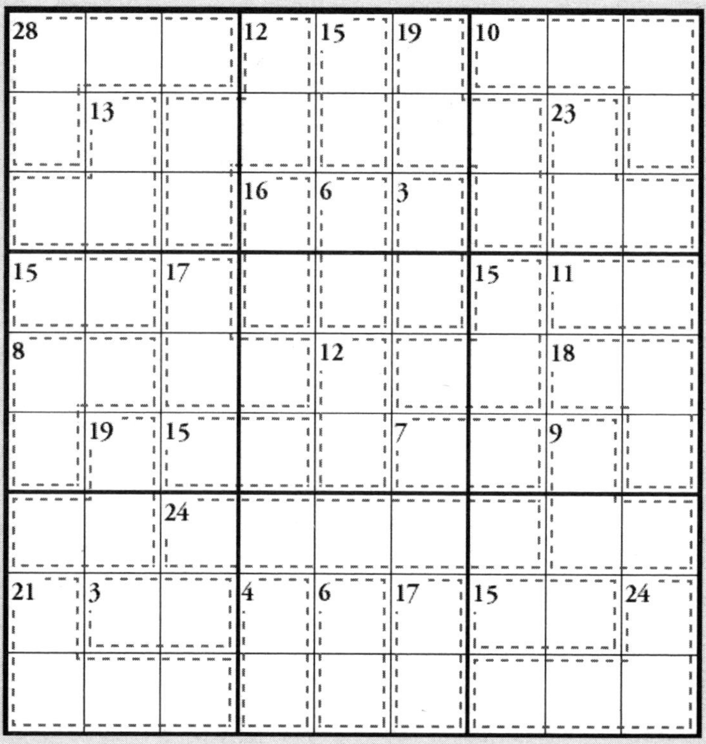
28
12
15
19
10
13
23
16
6
3
15
17
15
11
8
12
18
19
15
7
9
24
21
3
4
6
17
15
24

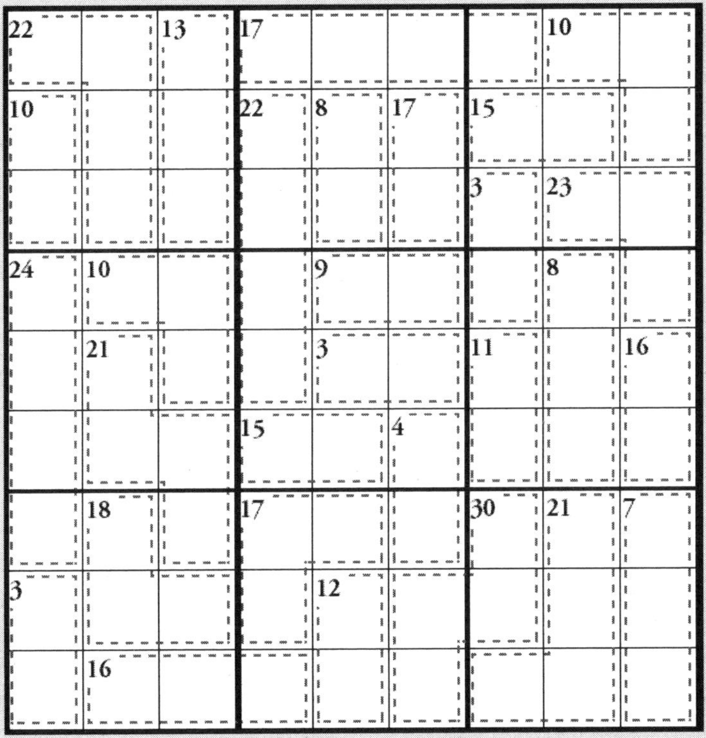
22
13
17
10
10
22
8
17
15
3
23
24
10
9
8
21
3
11
16
15
4
18
17
30
21
7
3
12
16

6		17				23		13
	16	24	10	26				
19					27			
						15		4
	3	25		5	11	14		
17							18	
		3		6		15		
13			23	12	10			14
12					4			

15		26					4	
8	10		18			7		11
	7		12			17		
15		12	12			10	7	
19			26				18	
	6			16		23		
		26			13			
14				5		18		
17							13	

20		20	13			4		11
6			13	20			18	
	24				11			
			7		5		16	11
		3	20	15	11			
17					12		16	
5		27				17		
			15	14				
13						21		

28			8		11			19
	3			19		16		
	14		16			9		
14		3		15			20	7
14		21			15			
13						10		
	11	35	5		15		19	
			15		20			
5					5			

21		17	19			9	21	
			6					
16			20				26	
	17		13	5	5	4		
	10					16		
18	9		20	17	23	18		16
			8	9	23			
16							3	

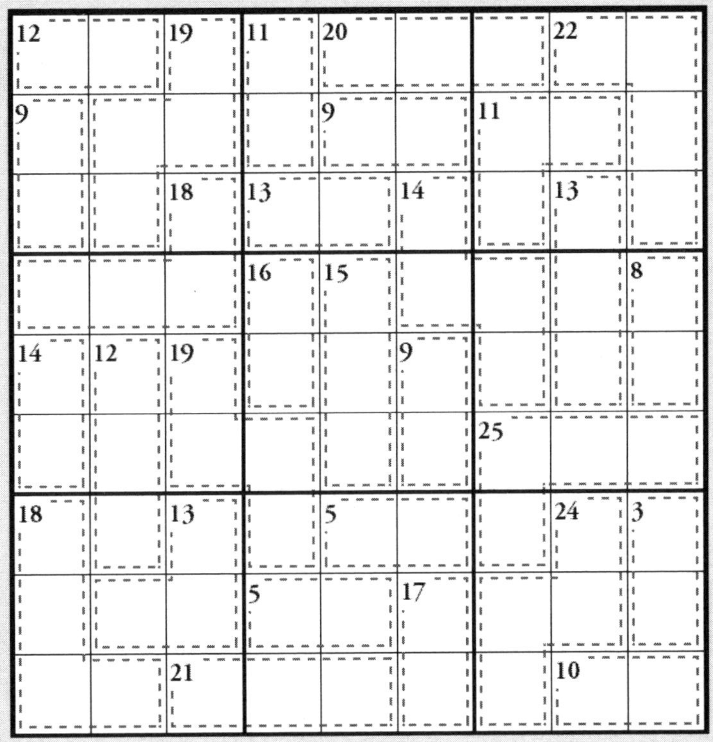
12 19 11 20 22
9 9 11
18 13 14 13
16 15 8
14 12 19 9
25
18 13 5 24 3
5 17
21 10

9	23	17		3		18		
				20				9
	17		11	22		4	24	
					17			
16	23		20			12		11
		7		4			17	
22				22	9			
					22		5	
5		10					6	

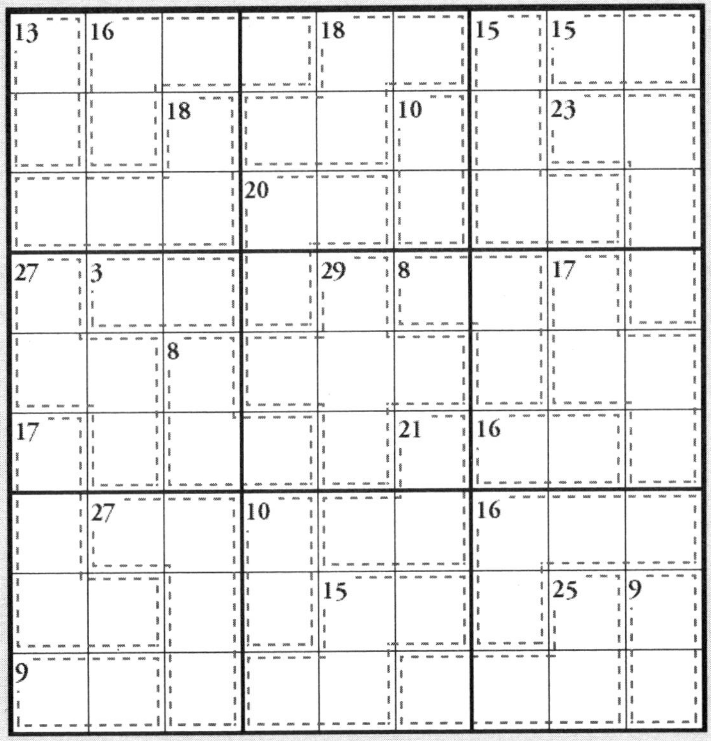
13
16
18
15
15
18
10
23
20
27
3
29
8
17
8
17
21
16
27
10
16
15
25
9
9

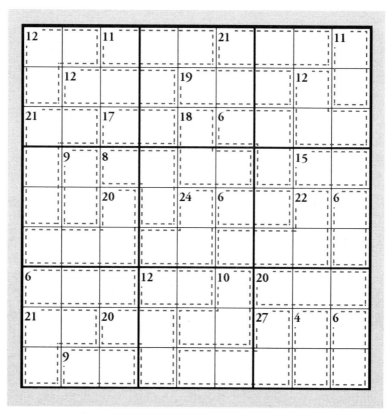

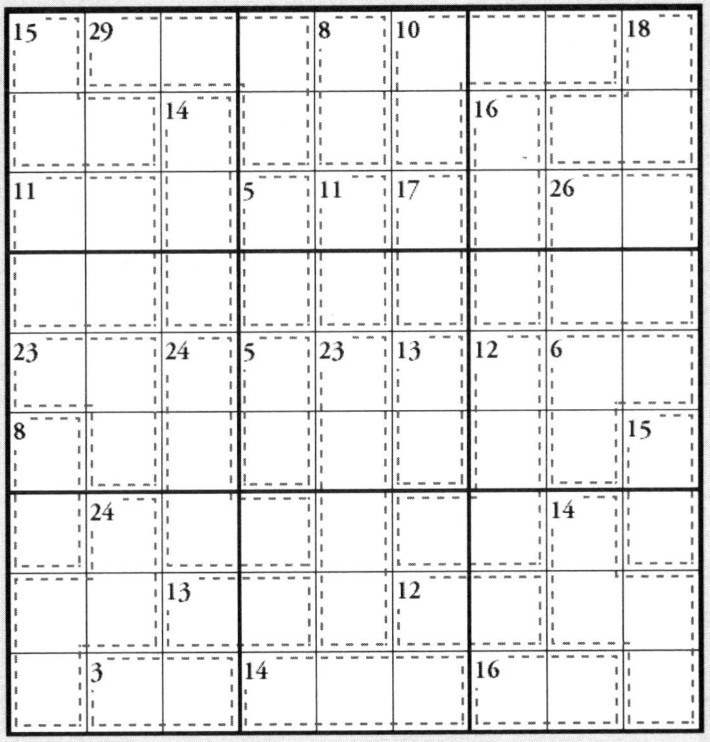
15 29 8 10 18
14 16
11 5 11 17 26
23 24 5 23 13 12 6
8 15
24 14
13 12
3 14 16

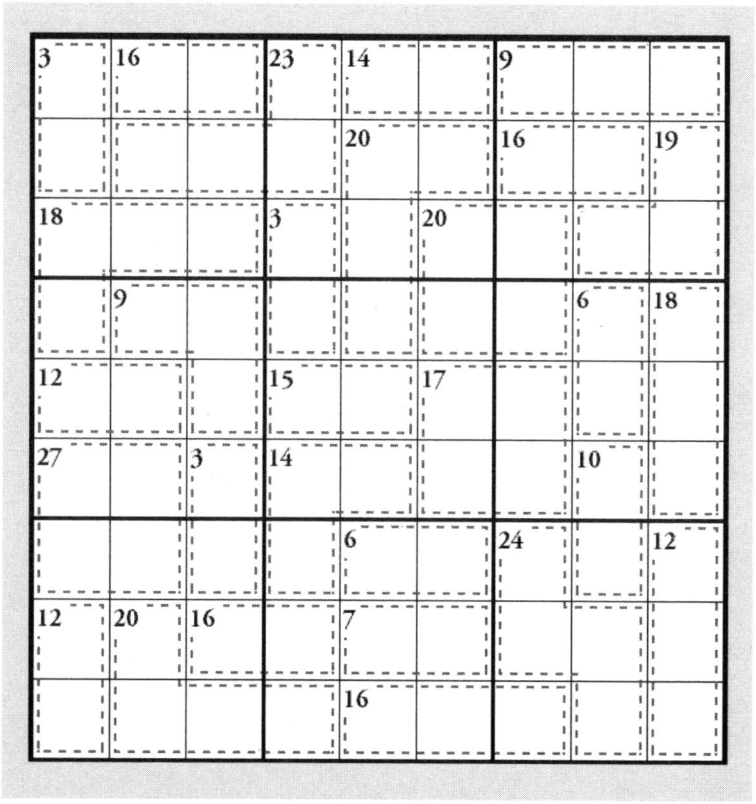
3
16
23
14
9
20
16
19
18
3
20
9
6
18
12
15
17
27
3
14
10
6
24
12
12
20
16
7
16

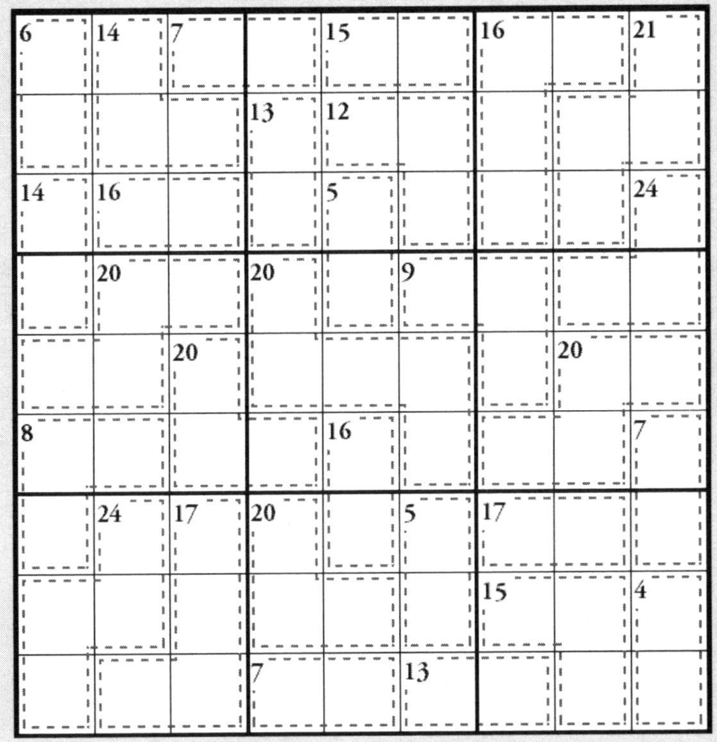
6 14 7 15 16 21
13 12
14 16 5 24
20 20 9
20 20
8 16 7
24 17 20 5 17
15 4
7 13

12		5	13	14		3	18	17
20				19				
	27							18
				16		4		
16	8		14			16		
	16		4		22			17
	17		20		23			
8		11				13		
			7				7	

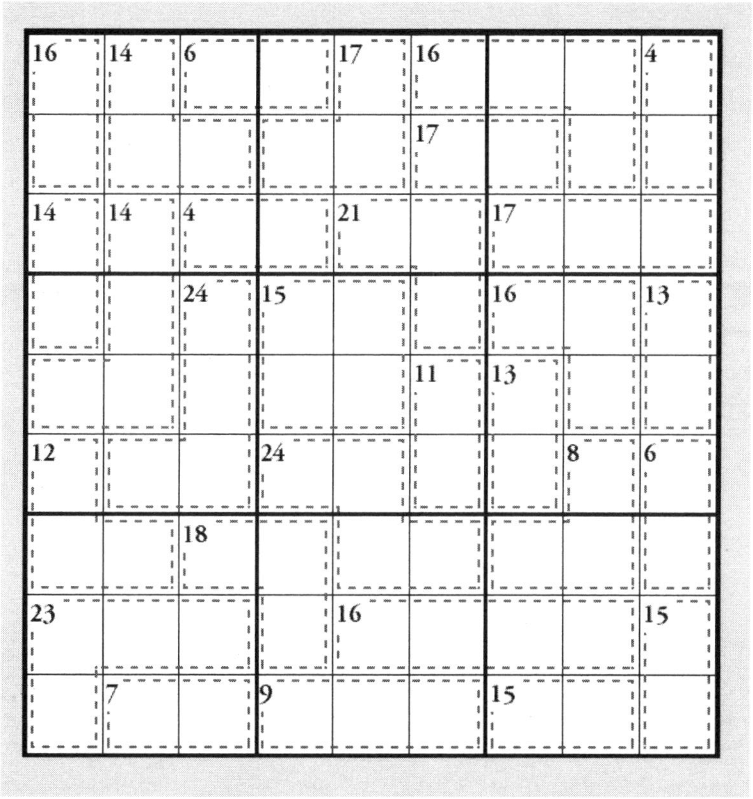
16 14 6 17 16 4
17
14 14 4 21 17
24 15 16 13
11 13
12 24 8 6
18
23 16 15
7 9 15

10		28		5		10	22	10
			21					
19		5			10			10
	17		20	11	19		4	
9		14						
12	4				17	26		22
			3	20				
16	12				17			
						12		

19		16	6			10	15	
22			17					16
	4		32		8			
		12		22		17		
3							15	
15			15	19	3		13	
14		14				5		22
			6		24			
14							7	

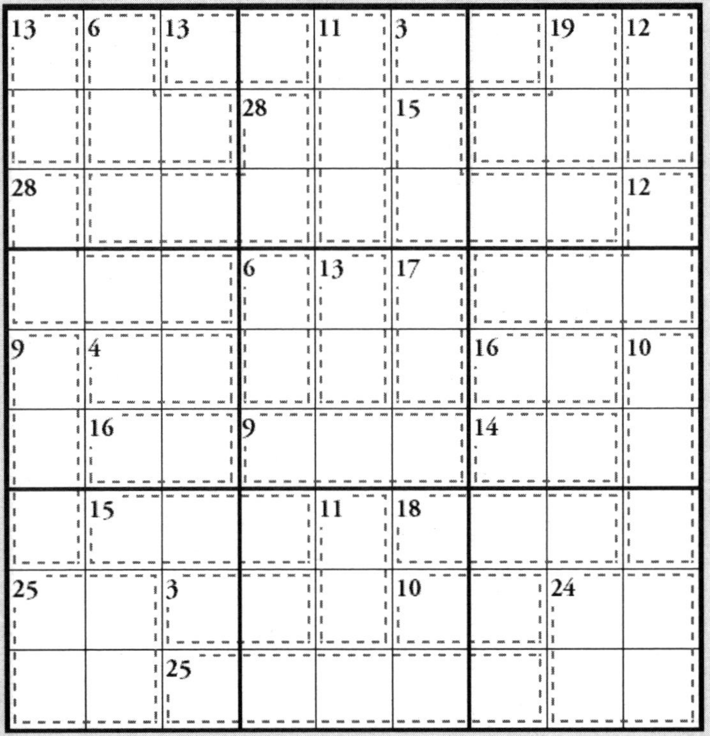
13 6 13 11 3 19 12
28 15
28 12
6 13 17
9 4 16 10
16 9 14
15 11 18
25 3 10 24
25

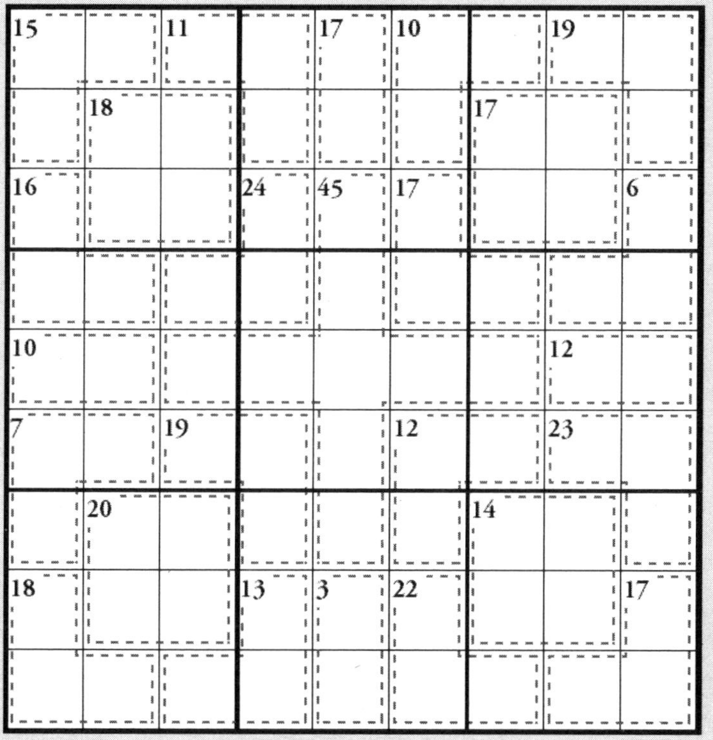
15
11
17
10
19
18
17
16
24
45
17
6
10
12
7
19
12
23
20
14
18
13
3
22
17

30				11			19	
12	13	3			16			14
		27		18	6			
					14			
14		18				27		
24			22		15			24
		18						
12						4		17
			27					

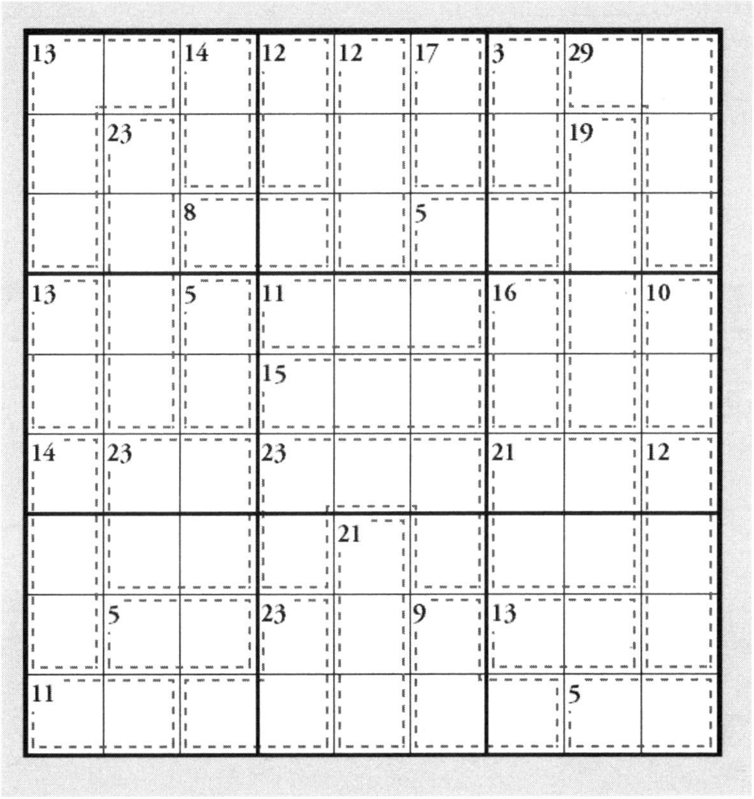
13
14
12
12
17
3
29
23
19
8
5
13
5
11
16
10
15
14
23
23
21
12
21
5
23
9
13
11
5

7	24	13	15	7		19		
					14			12
		8		23		14		
16			3					16
12		22		14				
19			4	15		16	3	17
		13						
14			19	11				17
				18				

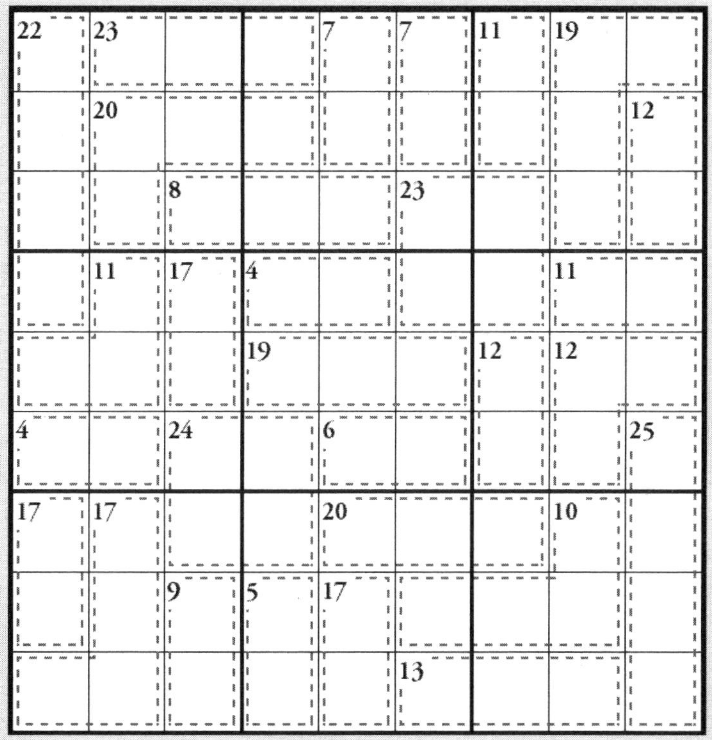
22 23 7 7 11 19
20 12
8 23
11 17 4 11
19 12 12
4 24 6 25
17 17 20 10
9 5 17
13

7		20		7	19		19	
13			4		17			3
	15	7		13		13	15	
17								8
		31						
22			22			18		
8							17	
26	4		23			7		17
			13					

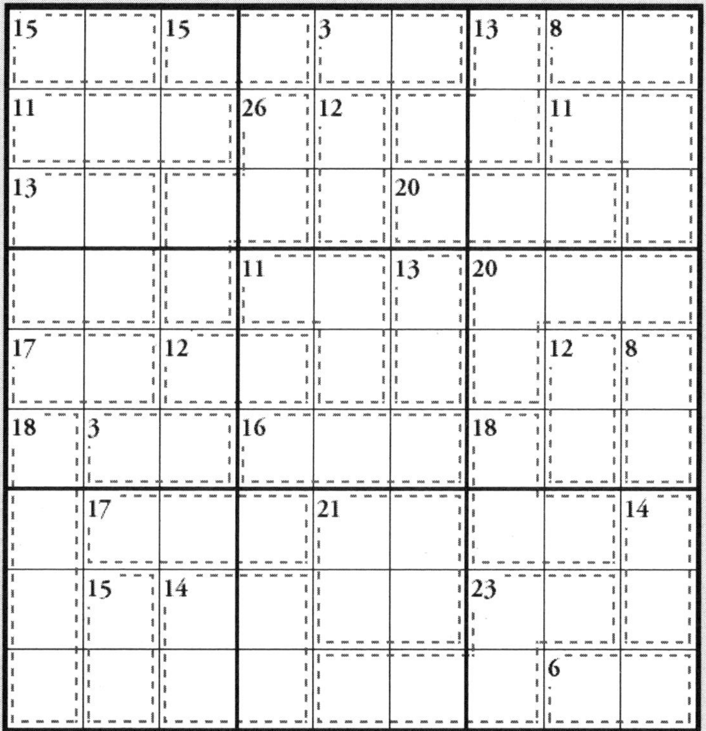
15 15 3 13 8
11 26 12 11
13 20
11 13 20
17 12 12 8
18 3 16 18
17 21 14
15 14 23
6

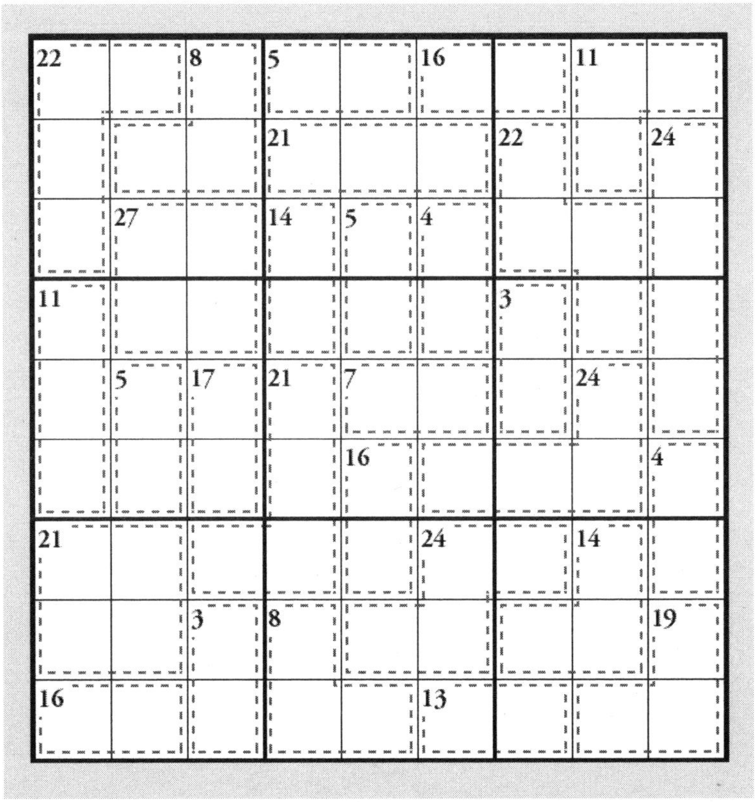
22
8
5
16
11
21
22
24
27
14
5
4
11
3
5
17
21
7
24
16
4
21
24
14
3
8
19
16
13

11			18			22		
19			4	17	6		12	
12		24				12		9
	3			11			13	
7		15			15			5
	15		28			11		
18	8					10		21
	19		26			14		

12	16		9			11		24
	17			15	10			
		15			6			
17		13	13			17	10	
15			20	10	16			10
	7	20		16	20		22	
15								8
		4			17			

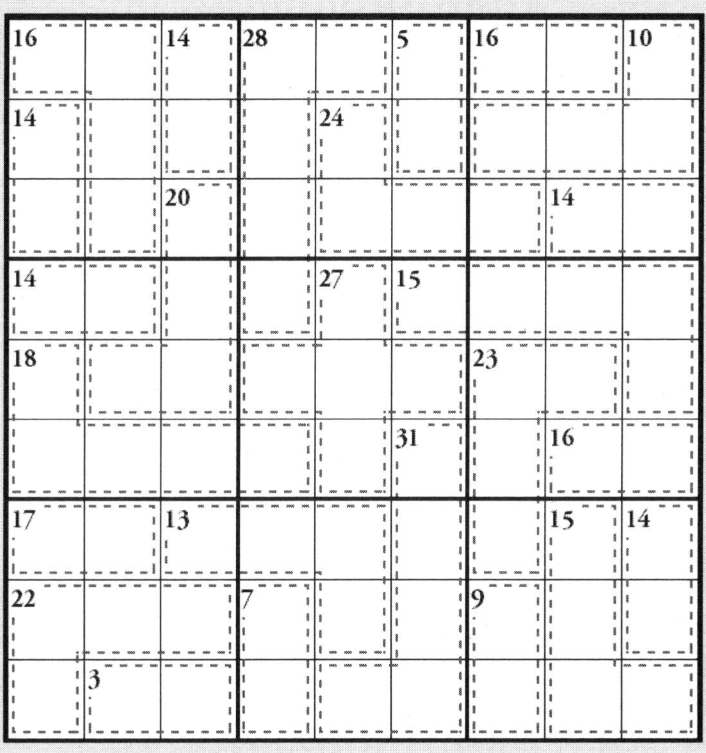
16 14 28 5 16 10
14 24
20 14
14 27 15
18 23
31 16
17 13 15 14
22 7 9
3

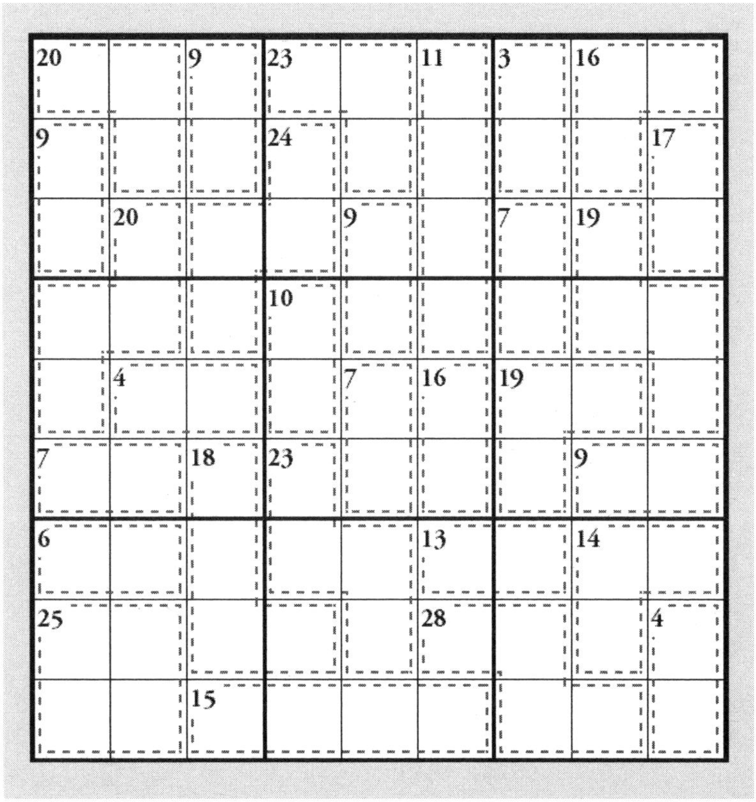
20 9 23 11 3 16
9 24 17
20 9 7 19
10
4 7 16 19
7 18 23 9
6 13 14
25 28 4
15

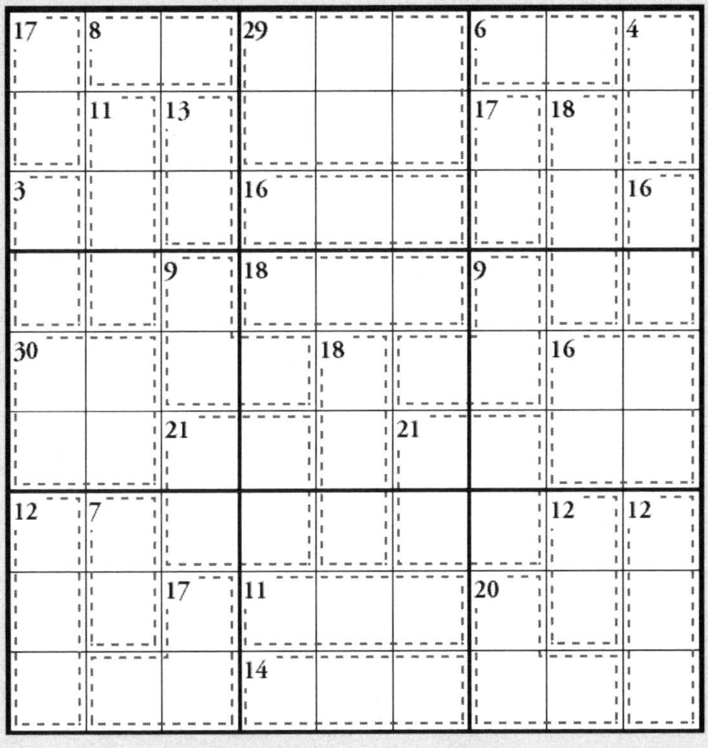
17
8
29
6
4
11
13
17
18
3
16
16
9
18
9
30
18
16
21
21
12
7
12
12
17
11
20
14

3	25	22			14		
		17	21				11
		12		24			
17	10	13	12		13	8	
							7
13		6		15	23		
22				12			
11	16		24		3		15
	9			7			

5	22	15			5	20		
			12			12	13	
17	14	3		16				
			21		26			
		13			10		16	
23						9		17
20		9	16		5			
			11	20		14		5
16								

9		24			9		6
22		11	19				
	4		13	11	23		
15						14	
12	19	23			18		
	13			7		13	
	27		12	15			
5	12	15			4		
	13				17		

21	16		20		15		15	
		11			9		15	
	20			19				
8					9		7	
	13	14	3		16		7	
8				17		14		23
		18				15		
3			16	21				15
17								

23		34					8	
7		5			9			15
	4		15			15		
21			17			7		
18		3	10	14	10	14	19	
	5						6	
16		20			13			19
		22				16		
			20					

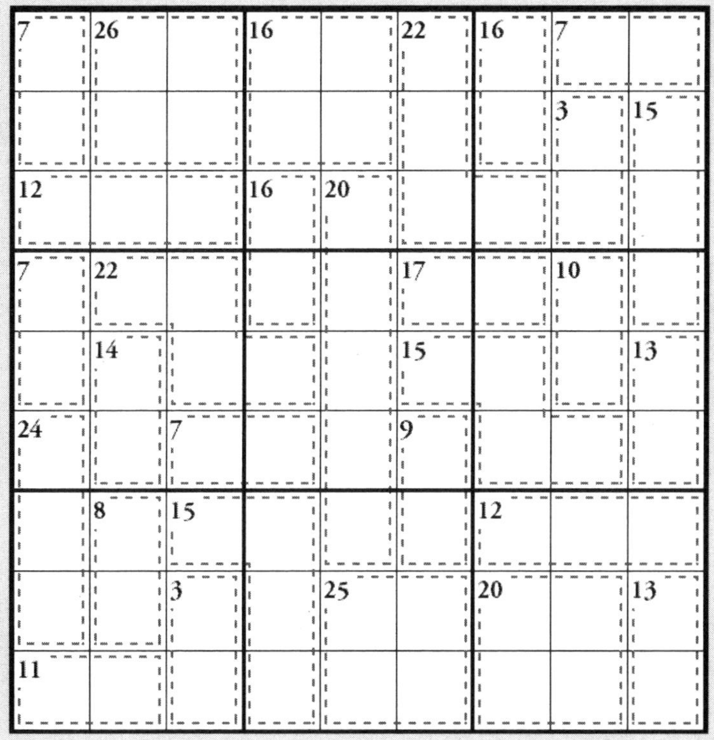
7
26
16
22
16
7
3
15
12
16
20
7
22
17
10
14
15
13
24
7
9
8
15
12
3
25
20
13
11

15		4		19	12		13	
13		13				10		
23		23		6			11	17
			22		14			
16	11	9			14			
						25		
		16	8		23			
12			12				11	
		17			3		13	

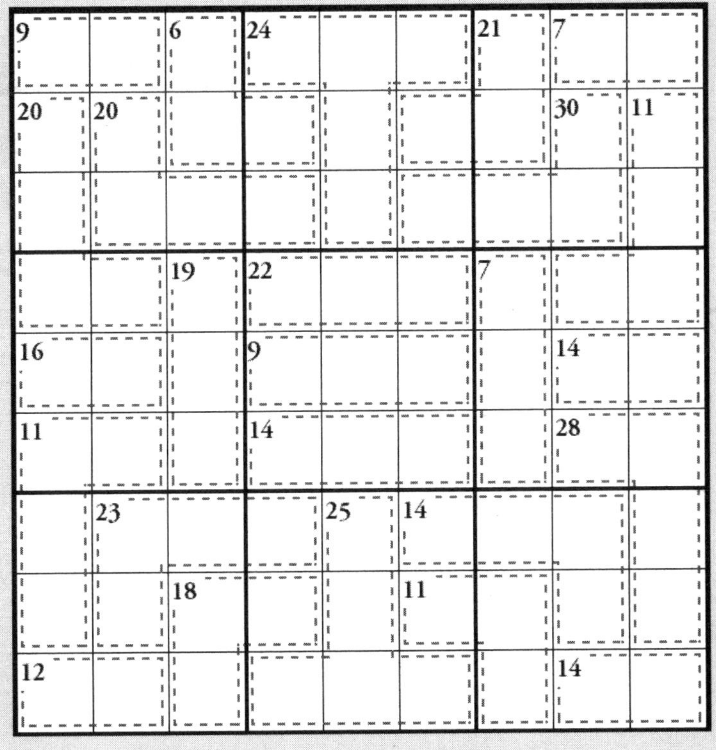
9 6 24 21 7
20 20 30 11
19 22 7
16 9 14
11 14 28
23 25 14
18 11
12 14

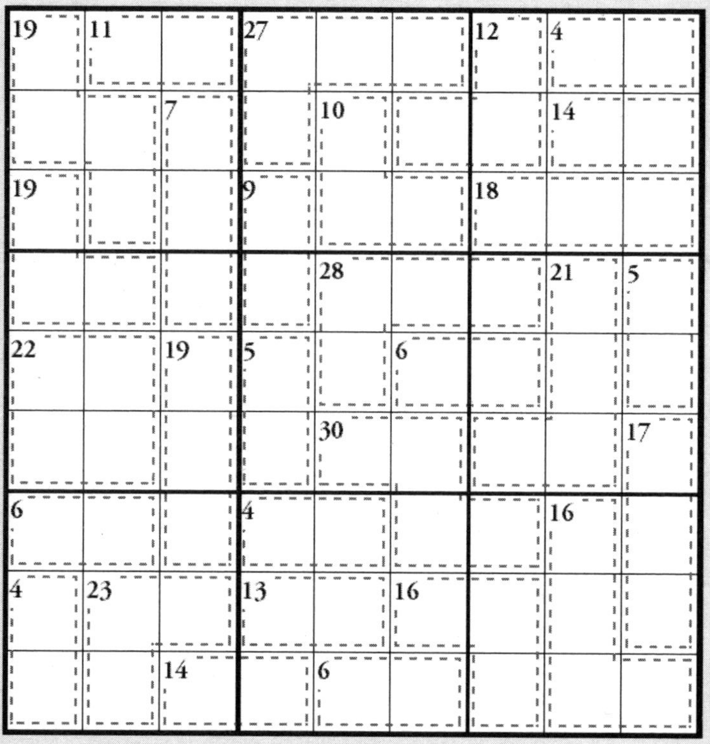
19
11
27
12
4
7
10
14
19
9
18
28
21
5
22
19
5
6
30
17
6
4
16
4
23
13
16
14
6

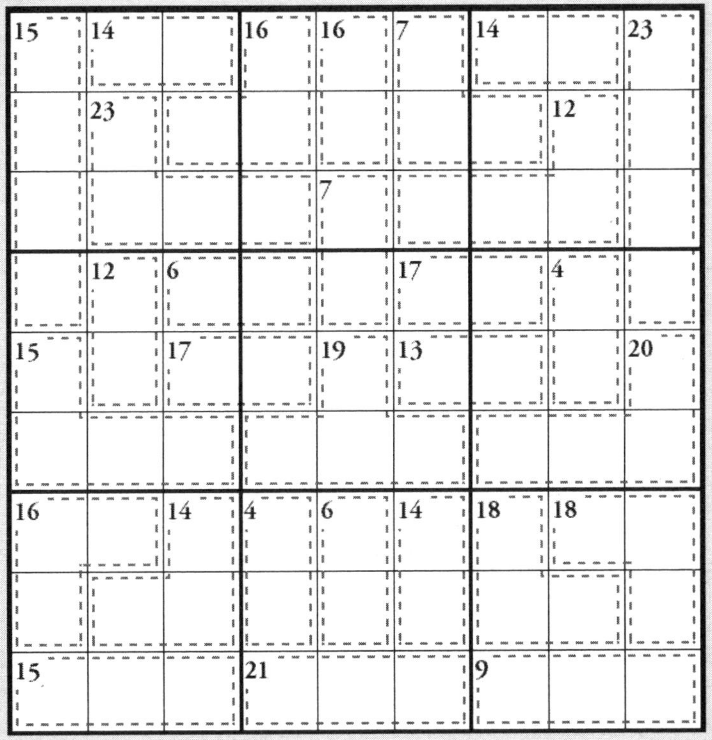
15 14 16 16 7 14 23
23 12
7
12 6 17 4
15 17 19 13 20
16 14 4 6 14 18 18
15 21 9

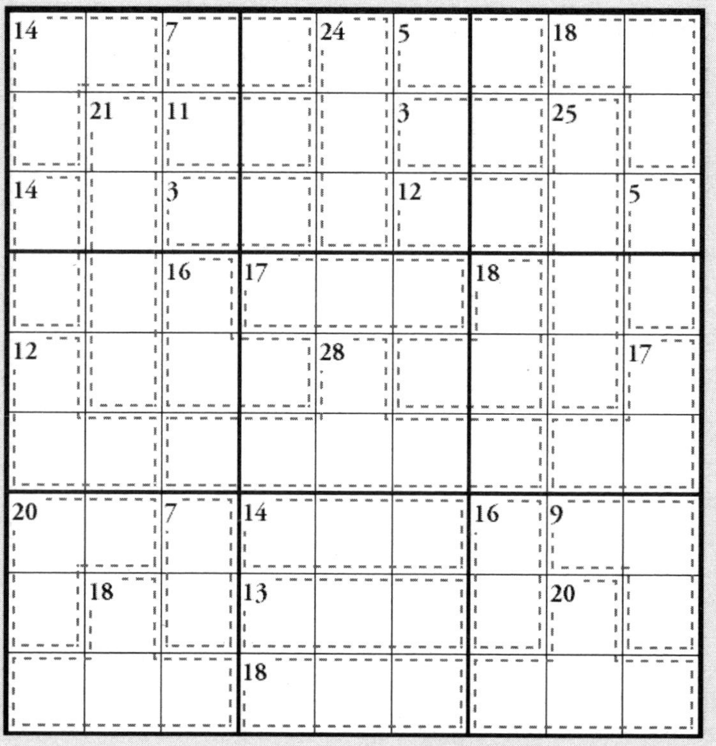
14
7
24
5
18
21
11
3
25
14
3
12
5
16
17
18
12
28
17
20
7
14
16
9
18
13
20
18

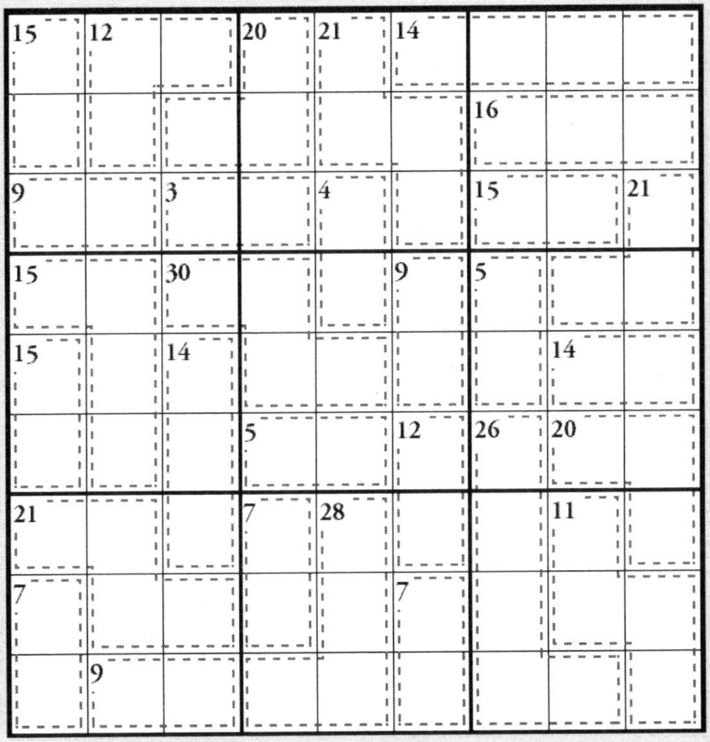
15 12 20 21 14
16
9 3 4 15 21
15 30 9 5
15 14 14
5 12 26 20
21 7 28 11
7 7
9

11			15		20	10	8	12
24	18		3					
		12		25		13		17
			24		6	17		
13	19							
						29		9
	10		9				7	
3	12	17		14				
				6		22		

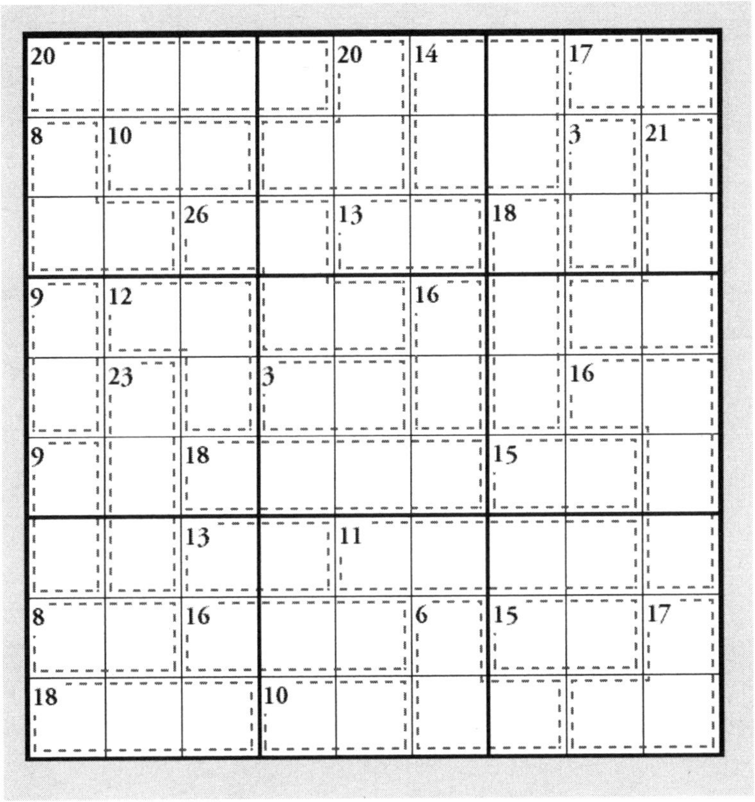

17	17	30					4	25
		8	9			16		
			16					
11		3			17		7	
24	4		18			9		14
	26		10			18		
		12						
5	22	7		14	7		24	11

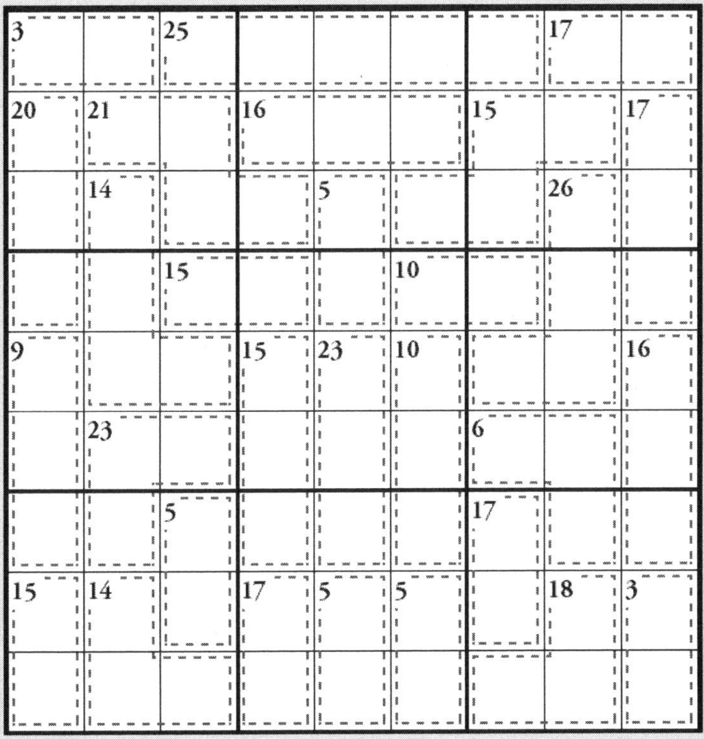
3 25 17
20 21 16 15 17
14 5 26
15 10
9 15 23 10 16
23 6
5 17
15 14 17 5 5 18 3

179

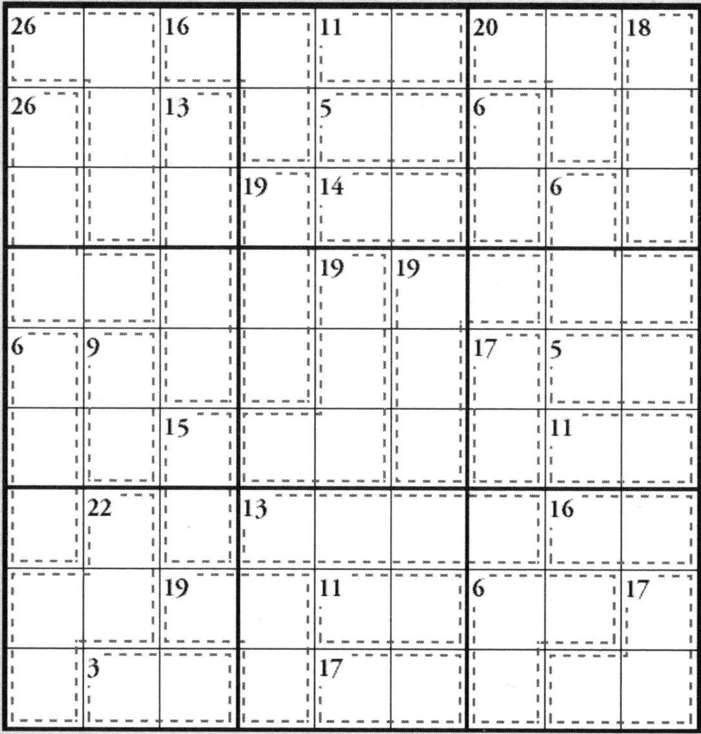
26 16 11 20 18
26 13 5 6
19 14 6
19 19
6 9 17 5
15 11
22 13 16
19 11 6 17
3 17

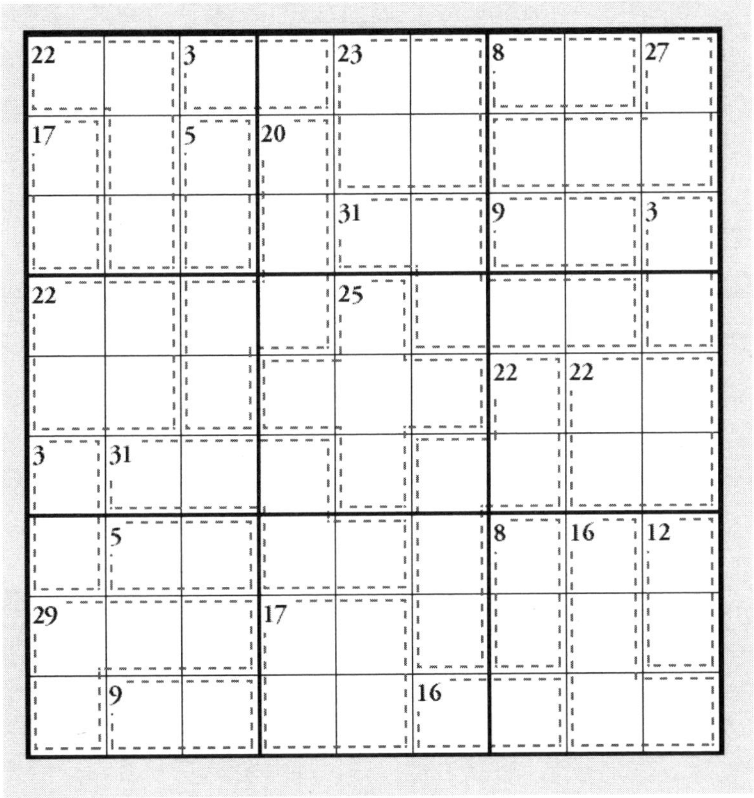

14	14			9	24			22
	11					10		
14		8	16				16	
4			30					12
11		17			4			
	19		19			15	9	
16				15			4	
	19		8		23	9		13

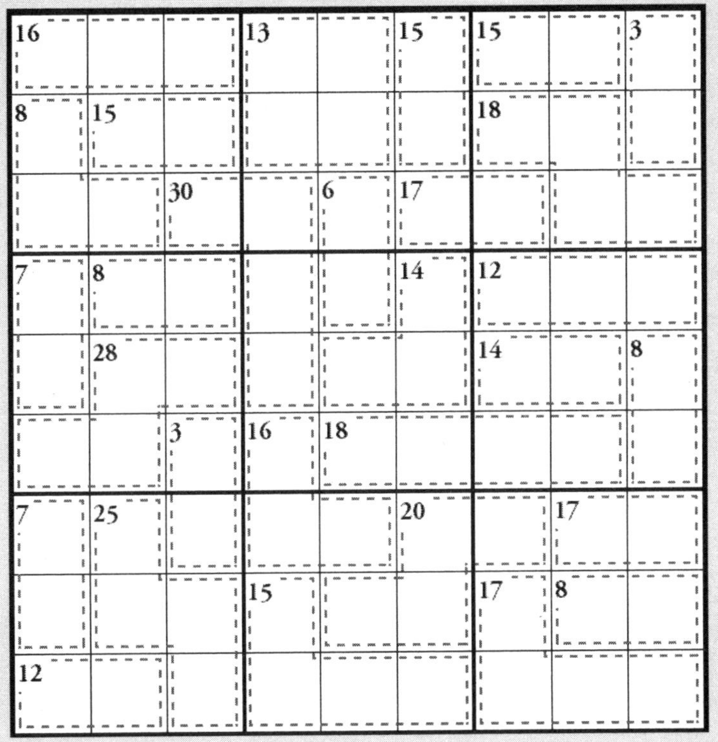
16 13 15 15 3
8 15 18
30 6 17
7 8 14 12
28 14 8
3 16 18
7 25 20 17
15 17 8
12

13			26	12			8	24
28	9							
			23	14		14	18	
3		12						
	22		8				17	3
16			20	6				
	13				24		11	
		12				9		7
16				8		9		

3	12	16		4		19		
			11	23		20		
17		12			13	3		19
7	29							
				19	21			8
15	3		19					
				9			16	
15			18		15			
15					15		9	

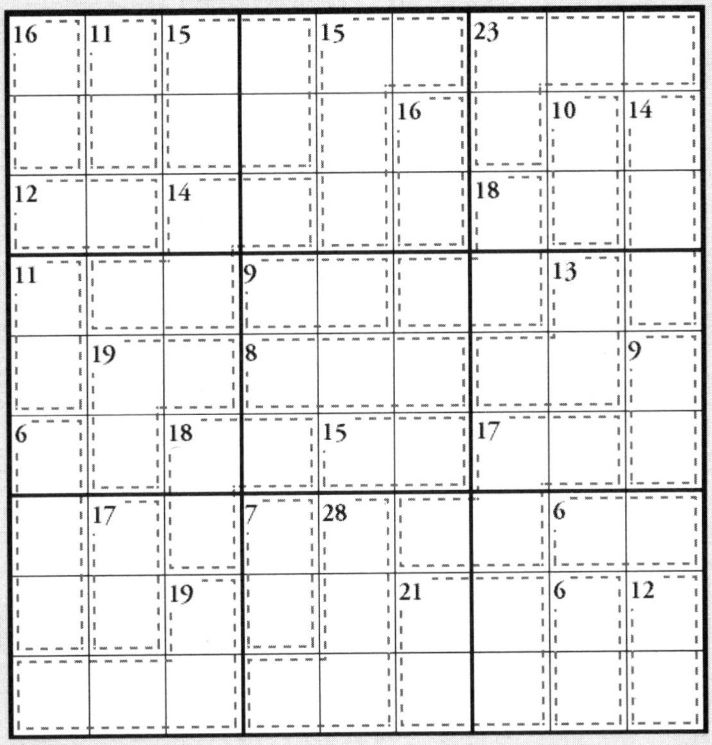
16
11
15
15
23
16
10
14
12
14
18
11
9
13
19
8
9
6
18
15
17
17
7
28
6
19
21
6
12

6	23	14		5		6	14	
		23			22		16	16
		15						
11				18				
25		7				22		5
	8		19		7			
		13		8	23		19	
15						15		
	10		17				3	

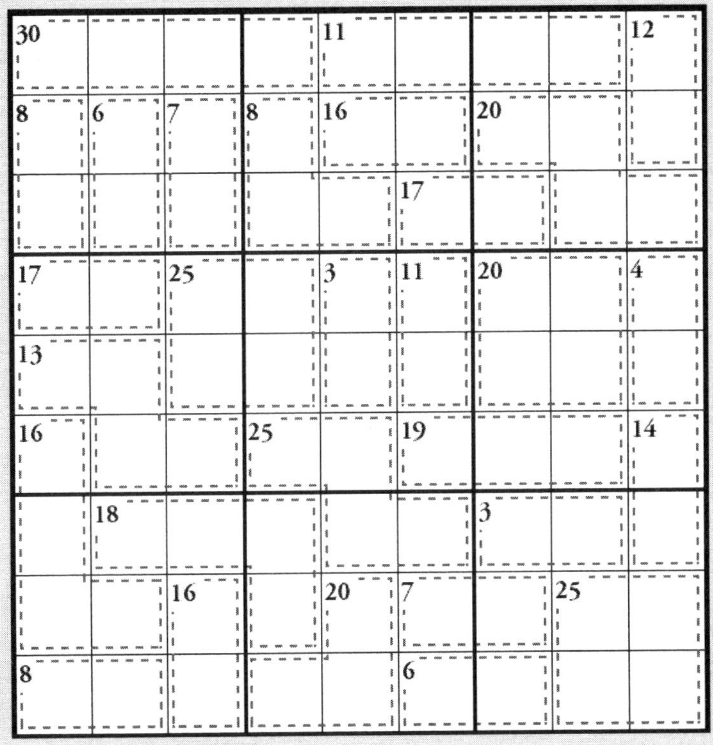
30 11 12
8 6 7 8 16 20
17
17 25 3 11 20 4
13
16 25 19 14
18 3
16 20 7 25
8 6

189

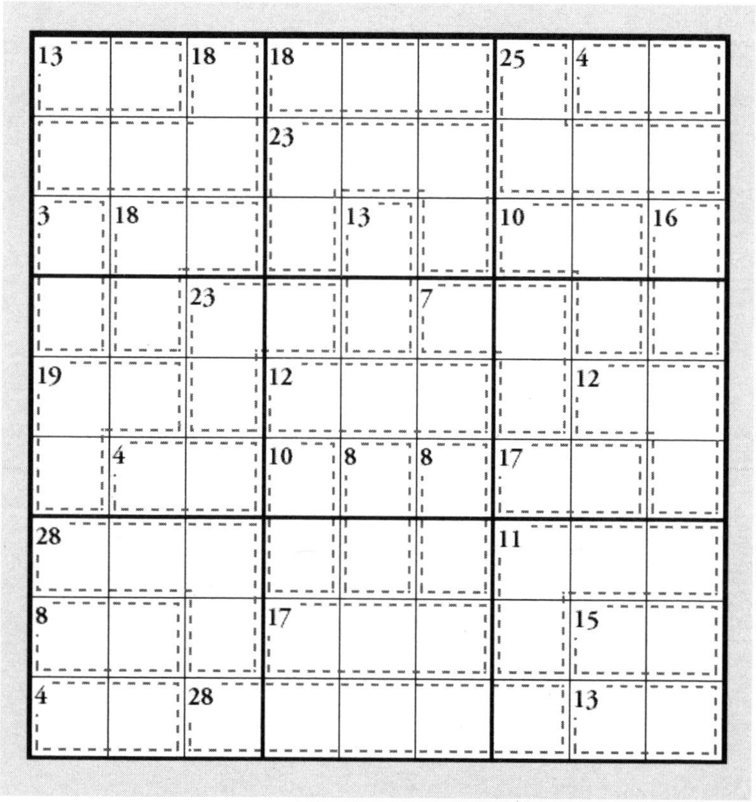
13 18 18 25 4
23
3 18 13 10 16
23 7
19 12 12
4 10 8 8 17
28 11
8 17 15
4 28 13

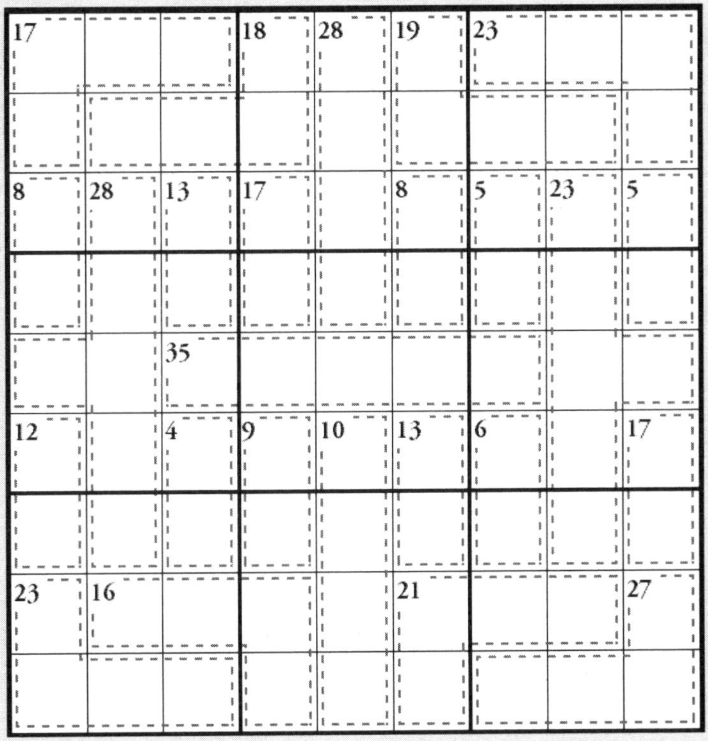
17 18 28 19 23
8 28 13 17 8 5 23 5
35
12 4 9 10 13 6 17
23 16 21 27

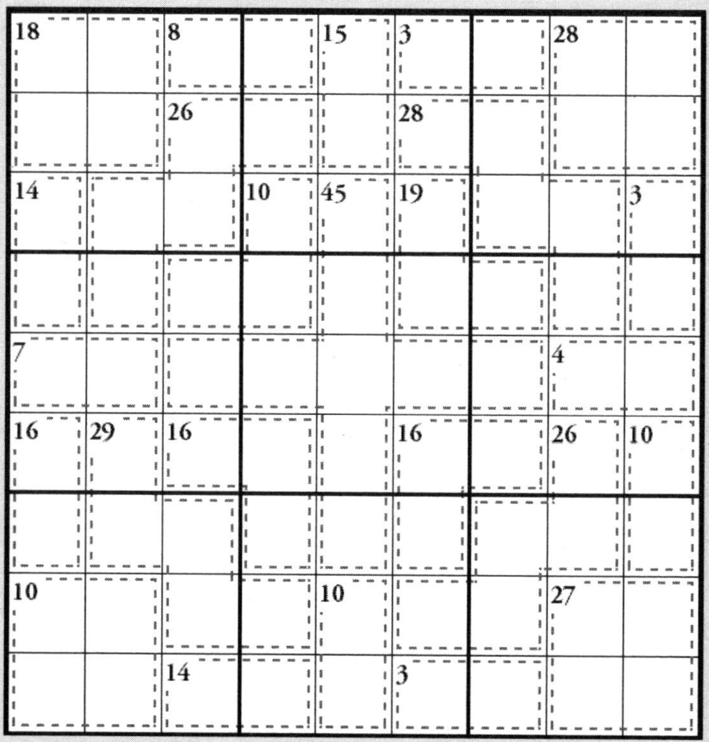
18
8
15
3
28
26
28
14
10
45
19
3
7
4
16
29
16
16
26
10
10
10
27
14
3

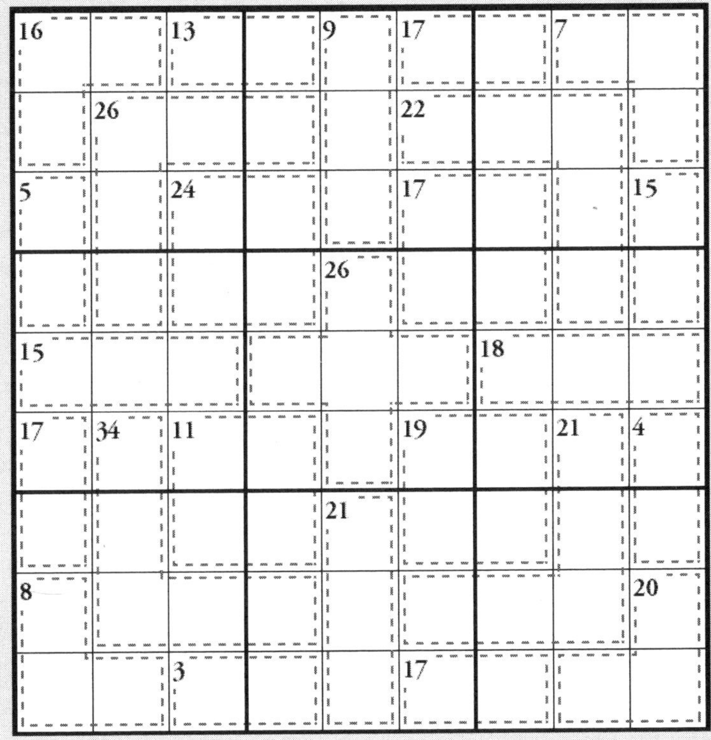
16
13
9
17
7
26
22
5
24
17
15
26
15
18
17
34
11
19
21
4
21
8
20
3
17

PUZZLE 1

2	3	5	7	4	6	1	8	9
4	7	9	1	5	8	6	2	3
8	6	1	3	9	2	4	7	5
3	1	2	8	6	5	9	4	7
5	4	7	9	2	1	8	3	6
9	8	6	4	7	3	2	5	1
7	5	8	6	1	4	3	9	2
6	9	3	2	8	7	5	1	4
1	2	4	5	3	9	7	6	8

PUZZLE 2

4	9	1	2	6	3	5	7	8
3	5	2	8	1	7	4	6	9
6	8	7	9	5	4	2	1	3
5	6	9	7	8	2	1	3	4
1	4	8	5	3	9	7	2	6
7	2	3	1	4	6	8	9	5
9	1	4	3	2	5	6	8	7
2	3	5	6	7	8	9	4	1
8	7	6	4	9	1	3	5	2

PUZZLE 3

9	6	4	8	1	3	2	7	5
7	1	2	4	5	6	8	3	9
5	3	8	2	7	9	1	4	6
8	2	5	9	3	4	7	6	1
1	9	7	6	2	5	4	8	3
6	4	3	1	8	7	9	5	2
4	7	1	3	6	2	5	9	8
3	8	9	5	4	1	6	2	7
2	5	6	7	9	8	3	1	4

PUZZLE 4

8	4	2	1	6	9	5	3	7
6	5	9	7	3	2	8	1	4
1	7	3	8	5	4	9	6	2
3	8	5	4	2	6	7	9	1
7	1	4	5	9	8	6	2	3
2	9	6	3	1	7	4	5	8
9	6	8	2	7	3	1	4	5
4	2	1	6	8	5	3	7	9
5	3	7	9	4	1	2	8	6

PUZZLE 5

4	3	1	5	2	7	9	8	6
9	6	7	1	8	4	3	2	5
5	8	2	3	9	6	4	1	7
7	5	3	4	1	2	6	9	8
6	1	8	7	3	9	2	5	4
2	4	9	6	5	8	7	3	1
8	9	4	2	7	5	1	6	3
1	7	5	9	6	3	8	4	2
3	2	6	8	4	1	5	7	9

PUZZLE 6

6	3	8	5	9	7	2	1	4
5	4	2	3	1	6	8	7	9
9	7	1	4	2	8	3	5	6
8	9	3	2	4	1	7	6	5
7	6	5	8	3	9	4	2	1
1	2	4	6	7	5	9	3	8
3	5	6	9	8	2	1	4	7
4	1	9	7	6	3	5	8	2
2	8	7	1	5	4	6	9	3

PUZZLE 7

5	7	9	2	6	1	8	4	3
4	8	2	5	7	3	9	1	6
1	3	6	8	9	4	2	7	5
2	9	3	4	5	7	1	6	8
8	4	7	6	1	9	3	5	2
6	1	5	3	8	2	7	9	4
9	5	4	1	2	8	6	3	7
3	2	1	7	4	6	5	8	9
7	6	8	9	3	5	4	2	1

PUZZLE 8

9	2	5	8	7	1	3	4	6
8	4	7	6	9	3	5	1	2
1	6	3	5	2	4	9	8	7
6	7	8	1	4	9	2	3	5
5	3	9	2	6	8	4	7	1
2	1	4	7	3	5	6	9	8
3	8	6	4	5	7	1	2	9
4	5	1	9	8	2	7	6	3
7	9	2	3	1	6	8	5	4

PUZZLE 9

4	5	3	2	8	1	7	9	6
1	9	7	6	5	3	2	8	4
8	2	6	9	7	4	3	1	5
5	1	4	3	2	8	9	6	7
7	3	9	5	1	6	8	4	2
2	6	8	7	4	9	1	5	3
3	4	5	8	9	7	6	2	1
9	7	2	1	6	5	4	3	8
6	8	1	4	3	2	5	7	9

PUZZLE 13

7	9	2	4	1	8	5	3	6
6	4	1	3	5	2	8	7	9
5	3	8	7	9	6	1	2	4
8	7	6	2	3	9	4	1	5
9	2	4	1	6	5	7	8	3
3	1	5	8	4	7	9	6	2
4	8	9	6	2	1	3	5	7
1	6	3	5	7	4	2	9	8
2	5	7	9	8	3	6	4	1

PUZZLE 10

1	3	9	8	4	7	2	5	6
7	4	2	5	1	6	3	9	8
6	8	5	2	3	9	4	7	1
4	2	3	1	6	5	9	8	7
5	6	7	4	9	8	1	2	3
9	1	8	7	2	3	6	4	5
2	5	1	6	7	4	8	3	9
3	7	6	9	8	2	5	1	4
8	9	4	3	5	1	7	6	2

PUZZLE 14

4	2	1	7	8	9	5	3	6
3	7	5	2	1	6	4	9	8
9	6	8	3	5	4	1	2	7
7	3	9	1	2	8	6	5	4
5	1	4	9	6	7	2	8	3
6	8	2	5	4	3	9	7	1
2	5	3	6	7	1	8	4	9
1	4	7	8	9	5	3	6	2
8	9	6	4	3	2	7	1	5

PUZZLE 11

5	3	9	7	6	8	1	4	2
4	2	7	1	3	9	8	6	5
6	8	1	4	5	2	3	7	9
9	4	3	2	1	7	5	8	6
8	5	2	6	9	4	7	3	1
1	7	6	5	8	3	2	9	4
2	6	8	3	4	1	9	5	7
7	9	4	8	2	5	6	1	3
3	1	5	9	7	6	4	2	8

PUZZLE 15

3	1	6	2	7	9	8	4	5
8	2	9	5	1	4	6	7	3
7	5	4	3	8	6	2	9	1
1	6	5	9	2	7	4	3	8
4	3	7	1	5	8	9	2	6
2	9	8	4	6	3	5	1	7
6	7	2	8	9	1	3	5	4
5	4	1	6	3	2	7	8	9
9	8	3	7	4	5	1	6	2

PUZZLE 12

9	3	8	1	5	7	4	6	2
7	2	1	4	9	6	8	3	5
4	5	6	3	2	8	9	7	1
6	4	9	8	3	5	1	2	7
2	1	5	7	4	9	3	8	6
8	7	3	6	1	2	5	4	9
3	9	4	2	7	1	6	5	8
1	8	2	5	6	3	7	9	4
5	6	7	9	8	4	2	1	3

PUZZLE 16

2	1	3	7	4	6	5	8	9
6	7	5	2	8	9	3	4	1
8	4	9	1	5	3	6	7	2
5	8	2	4	3	1	7	9	6
3	6	4	9	7	2	8	1	5
7	9	1	8	6	5	4	2	3
9	5	8	6	2	4	1	3	7
4	2	6	3	1	7	9	5	8
1	3	7	5	9	8	2	6	4

PUZZLE 17

5	9	2	7	8	6	3	1	4
7	3	6	1	9	4	5	2	8
1	4	8	5	2	3	7	6	9
8	7	5	2	1	9	6	4	3
3	6	9	8	4	5	2	7	1
2	1	4	6	3	7	8	9	5
4	2	7	3	5	1	9	8	6
9	8	3	4	6	2	1	5	7
6	5	1	9	7	8	4	3	2

PUZZLE 18

7	1	2	5	6	9	8	4	3
9	4	5	8	1	3	7	2	6
8	6	3	7	4	2	5	1	9
2	9	1	4	5	7	3	6	8
6	7	4	3	9	8	2	5	1
3	5	8	6	2	1	4	9	7
4	2	7	9	8	6	1	3	5
1	3	6	2	7	5	9	8	4
5	8	9	1	3	4	6	7	2

PUZZLE 19

1	3	7	5	9	4	8	6	2
4	9	6	2	1	8	5	3	7
5	8	2	3	7	6	4	9	1
3	6	1	8	2	9	7	5	4
2	5	9	7	4	3	1	8	6
7	4	8	1	6	5	9	2	3
9	2	4	6	8	7	3	1	5
8	1	5	4	3	2	6	7	9
6	7	3	9	5	1	2	4	8

PUZZLE 20

1	4	5	9	6	3	2	8	7
3	7	8	4	5	2	1	9	6
2	9	6	7	8	1	4	5	3
4	5	7	2	3	9	8	6	1
8	2	3	1	7	6	9	4	5
6	1	9	8	4	5	7	3	2
7	3	2	6	9	4	5	1	8
5	8	4	3	1	7	6	2	9
9	6	1	5	2	8	3	7	4

PUZZLE 21

3	8	6	5	9	7	2	1	4
7	2	5	4	1	6	3	9	8
1	9	4	2	8	3	5	6	7
8	6	1	3	7	2	4	5	9
4	7	3	9	5	1	6	8	2
9	5	2	8	6	4	1	7	3
6	3	9	7	4	5	8	2	1
2	1	7	6	3	8	9	4	5
5	4	8	1	2	9	7	3	6

PUZZLE 22

2	7	9	3	5	6	4	1	8
1	4	6	2	8	9	7	3	5
3	8	5	4	7	1	9	6	2
5	9	4	6	3	2	8	7	1
7	2	1	8	9	4	6	5	3
6	3	8	7	1	5	2	4	9
4	1	7	9	2	3	5	8	6
8	5	2	1	6	7	3	9	4
9	6	3	5	4	8	1	2	7

PUZZLE 23

4	5	2	8	6	7	1	3	9
9	6	1	5	4	3	2	7	8
7	3	8	9	1	2	5	6	4
8	2	6	7	5	1	9	4	3
1	9	7	3	8	4	6	5	2
5	4	3	2	9	6	7	8	1
6	7	4	1	3	9	8	2	5
3	8	9	6	2	5	4	1	7
2	1	5	4	7	8	3	9	6

PUZZLE 24

9	2	4	3	8	7	5	6	1
8	1	6	2	4	5	9	3	7
7	5	3	1	6	9	8	2	4
3	8	2	4	1	6	7	5	9
4	7	5	8	9	2	3	1	6
6	9	1	5	7	3	4	8	2
1	3	8	9	2	4	6	7	5
2	6	9	7	5	8	1	4	3
5	4	7	6	3	1	2	9	8

PUZZLE 25

3	7	1	2	5	9	6	4	8
8	9	6	3	4	1	5	2	7
5	4	2	7	6	8	3	1	9
7	1	8	4	9	6	2	3	5
9	2	4	5	1	3	8	7	6
6	3	5	8	2	7	1	9	4
1	8	7	6	3	4	9	5	2
4	5	3	9	8	2	7	6	1
2	6	9	1	7	5	4	8	3

PUZZLE 26

9	1	8	5	7	6	2	3	4
6	7	2	8	4	3	9	5	1
4	5	3	2	9	1	7	6	8
5	3	6	1	2	4	8	9	7
1	4	7	3	8	9	6	2	5
2	8	9	6	5	7	1	4	3
3	9	4	7	6	8	5	1	2
8	6	5	4	1	2	3	7	9
7	2	1	9	3	5	4	8	6

PUZZLE 27

3	5	7	4	1	8	6	2	9
1	4	9	5	2	6	7	3	8
6	2	8	3	7	9	4	1	5
7	6	3	1	5	4	8	9	2
5	8	1	2	9	7	3	4	6
2	9	4	6	8	3	1	5	7
4	3	5	7	6	2	9	8	1
8	1	6	9	3	5	2	7	4
9	7	2	8	4	1	5	6	3

PUZZLE 28

5	3	4	8	7	6	1	2	9
1	2	8	5	9	3	7	4	6
7	9	6	1	2	4	8	3	5
2	6	7	9	3	1	4	5	8
9	4	5	7	8	2	3	6	1
8	1	3	4	6	5	2	9	7
6	5	2	3	1	8	9	7	4
4	7	1	2	5	9	6	8	3
3	8	9	6	4	7	5	1	2

PUZZLE 29

1	3	8	9	6	2	5	4	7
4	6	7	8	5	1	2	3	9
5	9	2	3	4	7	6	8	1
6	1	3	2	7	9	8	5	4
8	5	4	6	1	3	7	9	2
7	2	9	4	8	5	1	6	3
3	8	5	1	2	4	9	7	6
2	4	6	7	9	8	3	1	5
9	7	1	5	3	6	4	2	8

PUZZLE 30

4	8	7	3	6	2	9	5	1
1	3	6	9	5	8	7	4	2
2	5	9	7	1	4	6	8	3
6	7	5	8	4	3	1	2	9
9	2	1	6	7	5	4	3	8
8	4	3	1	2	9	5	6	7
3	6	4	2	9	7	8	1	5
7	1	2	5	8	6	3	9	4
5	9	8	4	3	1	2	7	6

PUZZLE 31

2	8	9	7	6	3	4	1	5
3	5	4	1	9	8	6	2	7
1	7	6	4	2	5	9	3	8
4	6	8	5	3	9	1	7	2
9	3	7	2	8	1	5	4	6
5	1	2	6	4	7	3	8	9
6	9	1	3	7	2	8	5	4
8	2	3	9	5	4	7	6	1
7	4	5	8	1	6	2	9	3

PUZZLE 32

9	8	7	4	1	5	6	2	3
6	5	2	9	7	3	1	8	4
3	4	1	2	8	6	7	9	5
4	6	5	8	3	1	2	7	9
1	7	9	6	5	2	4	3	8
2	3	8	7	9	4	5	1	6
5	9	6	3	2	7	8	4	1
7	1	3	5	4	8	9	6	2
8	2	4	1	6	9	3	5	7

SOLUTIONS

PUZZLE 33

9	7	8	4	6	5	3	1	2
4	5	1	3	7	2	8	6	9
6	2	3	9	8	1	4	7	5
8	1	6	7	5	3	2	9	4
5	3	9	2	1	4	7	8	6
7	4	2	6	9	8	1	5	3
3	8	7	5	2	6	9	4	1
2	9	5	1	4	7	6	3	8
1	6	4	8	3	9	5	2	7

PUZZLE 37

2	9	7	5	6	4	3	8	1
1	3	6	7	8	2	5	9	4
4	5	8	3	9	1	2	7	6
8	6	4	9	5	3	1	2	7
9	2	1	4	7	8	6	5	3
5	7	3	1	2	6	8	4	9
6	4	5	8	1	7	9	3	2
7	1	9	2	3	5	4	6	8
3	8	2	6	4	9	7	1	5

PUZZLE 34

8	2	5	3	7	1	6	4	9
9	7	4	6	8	2	3	5	1
6	1	3	4	5	9	7	8	2
1	5	9	7	2	8	4	3	6
7	3	8	1	4	6	9	2	5
2	4	6	9	3	5	8	1	7
3	6	7	2	1	4	5	9	8
4	8	2	5	9	7	1	6	3
5	9	1	8	6	3	2	7	4

PUZZLE 38

4	2	5	9	3	1	6	8	7
6	7	3	4	8	5	9	2	1
9	8	1	2	6	7	5	3	4
5	9	7	1	2	4	8	6	3
1	4	6	3	9	8	7	5	2
2	3	8	5	7	6	4	1	9
8	1	2	7	5	9	3	4	6
7	5	4	6	1	3	2	9	8
3	6	9	8	4	2	1	7	5

PUZZLE 35

2	5	8	6	4	3	9	7	1
6	7	9	8	2	1	4	5	3
1	3	4	7	9	5	8	2	6
5	9	1	4	8	6	7	3	2
7	8	2	1	3	9	5	6	4
3	4	6	5	7	2	1	9	8
4	1	5	3	6	7	2	8	9
9	6	7	2	1	8	3	4	5
8	2	3	9	5	4	6	1	7

PUZZLE 39

8	7	3	2	6	5	9	1	4
5	9	1	3	7	4	6	2	8
2	6	4	1	9	8	5	3	7
9	3	5	6	8	7	1	4	2
1	4	8	5	2	3	7	6	9
7	2	6	4	1	9	3	8	5
6	1	7	9	4	2	8	5	3
3	8	2	7	5	6	4	9	1
4	5	9	8	3	1	2	7	6

PUZZLE 36

9	6	3	5	8	4	1	2	7
1	4	7	6	3	2	8	9	5
5	2	8	7	9	1	6	4	3
8	3	6	2	7	5	9	1	4
7	5	2	1	4	9	3	6	8
4	9	1	3	6	8	7	5	2
2	7	9	8	5	6	4	3	1
3	1	4	9	2	7	5	8	6
6	8	5	4	1	3	2	7	9

PUZZLE 40

9	4	1	5	3	7	6	2	8
8	3	2	6	1	4	7	9	5
7	5	6	8	9	2	4	3	1
6	8	9	7	2	5	1	4	3
4	2	5	3	6	1	8	7	9
3	1	7	9	4	8	5	6	2
2	6	8	1	7	9	3	5	4
1	7	4	2	5	3	9	8	6
5	9	3	4	8	6	2	1	7

PUZZLE 41

1	9	2	8	6	3	7	5	4
5	3	7	9	4	2	6	8	1
8	6	4	1	5	7	3	2	9
3	8	6	7	2	1	9	4	5
7	1	5	6	9	4	8	3	2
4	2	9	3	8	5	1	6	7
9	4	8	5	7	6	2	1	3
6	5	1	2	3	9	4	7	8
2	7	3	4	1	8	5	9	6

PUZZLE 42

9	7	6	5	3	1	4	2	8
3	4	8	7	2	9	1	6	5
1	5	2	8	4	6	3	7	9
4	2	9	3	6	8	5	1	7
7	3	5	2	1	4	9	8	6
8	6	1	9	5	7	2	4	3
5	8	3	4	7	2	6	9	1
2	1	7	6	9	3	8	5	4
6	9	4	1	8	5	7	3	2

PUZZLE 43

8	4	2	7	1	6	3	5	9
9	7	1	8	5	3	4	6	2
6	5	3	4	9	2	7	1	8
2	9	7	5	4	1	6	8	3
3	6	4	9	2	8	5	7	1
1	8	5	6	3	7	2	9	4
5	1	6	2	8	4	9	3	7
4	3	9	1	7	5	8	2	6
7	2	8	3	6	9	1	4	5

PUZZLE 44

3	8	9	5	2	1	7	4	6
1	5	7	4	9	6	3	2	8
2	4	6	3	7	8	9	5	1
9	3	2	1	8	5	4	6	7
8	1	5	7	6	4	2	3	9
7	6	4	9	3	2	1	8	5
6	7	8	2	1	3	5	9	4
5	9	3	6	4	7	8	1	2
4	2	1	8	5	9	6	7	3

PUZZLE 45

5	2	3	6	7	9	8	4	1
6	8	9	5	1	4	3	7	2
1	4	7	8	2	3	6	9	5
9	3	2	4	6	1	5	8	7
8	7	5	9	3	2	4	1	6
4	6	1	7	8	5	2	3	9
2	9	8	3	5	7	1	6	4
3	1	4	2	9	6	7	5	8
7	5	6	1	4	8	9	2	3

PUZZLE 46

4	5	7	2	9	1	3	6	8
3	9	1	8	4	6	2	7	5
6	8	2	7	3	5	1	9	4
5	1	3	4	6	9	7	8	2
9	7	6	5	2	8	4	3	1
8	2	4	1	7	3	9	5	6
7	6	8	3	1	2	5	4	9
2	4	9	6	5	7	8	1	3
1	3	5	9	8	4	6	2	7

PUZZLE 47

5	9	8	3	4	1	6	7	2
2	6	1	9	5	7	3	4	8
4	3	7	6	2	8	9	1	5
9	8	6	2	1	3	7	5	4
3	4	5	8	7	9	2	6	1
7	1	2	4	6	5	8	9	3
1	5	3	7	9	2	4	8	6
6	2	9	5	8	4	1	3	7
8	7	4	1	3	6	5	2	9

PUZZLE 48

2	4	3	1	9	7	8	5	6
8	7	9	6	3	5	2	1	4
5	6	1	8	4	2	3	9	7
9	2	7	4	6	8	1	3	5
3	8	4	5	7	1	6	2	9
1	5	6	3	2	9	7	4	8
4	3	2	7	5	6	9	8	1
6	9	8	2	1	4	5	7	3
7	1	5	9	8	3	4	6	2

PUZZLE 49

8	4	6	9	1	3	2	5	7
9	3	7	6	2	5	1	4	8
1	5	2	7	8	4	6	9	3
4	8	5	3	7	2	9	1	6
3	2	1	8	9	6	5	7	4
6	7	9	4	5	1	8	3	2
2	9	8	1	3	7	4	6	5
5	6	3	2	4	9	7	8	1
7	1	4	5	6	8	3	2	9

PUZZLE 53

7	3	2	4	1	5	6	8	9
6	5	9	3	2	8	1	4	7
4	1	8	9	7	6	2	3	5
9	4	1	5	3	7	8	2	6
8	2	5	6	4	9	3	7	1
3	7	6	1	8	2	5	9	4
1	8	7	2	5	4	9	6	3
5	6	4	8	9	3	7	1	2
2	9	3	7	6	1	4	5	8

PUZZLE 50

4	1	7	8	2	6	9	3	5
9	3	6	4	5	7	8	2	1
2	5	8	9	1	3	7	6	4
1	8	3	5	7	4	6	9	2
7	6	4	2	3	9	5	1	8
5	2	9	6	8	1	4	7	3
3	4	5	7	9	2	1	8	6
6	7	2	1	4	8	3	5	9
8	9	1	3	6	5	2	4	7

PUZZLE 54

5	8	6	1	4	9	3	7	2
2	4	7	5	3	6	1	9	8
1	3	9	2	8	7	6	5	4
9	7	2	4	6	1	5	8	3
8	6	3	9	2	5	4	1	7
4	1	5	8	7	3	9	2	6
7	9	4	3	1	2	8	6	5
3	2	1	6	5	8	7	4	9
6	5	8	7	9	4	2	3	1

PUZZLE 51

4	6	7	8	5	1	9	2	3
3	5	9	4	6	2	8	7	1
2	8	1	3	7	9	4	5	6
5	9	3	2	4	6	7	1	8
8	4	2	1	3	7	6	9	5
1	7	6	5	9	8	3	4	2
9	2	4	6	8	5	1	3	7
7	1	8	9	2	3	5	6	4
6	3	5	7	1	4	2	8	9

PUZZLE 55

5	1	2	8	6	7	9	4	3
9	3	6	4	1	5	7	8	2
7	4	8	9	3	2	1	6	5
8	9	4	7	5	3	2	1	6
6	5	1	2	4	8	3	7	9
3	2	7	6	9	1	4	5	8
2	6	3	5	7	4	8	9	1
1	7	9	3	8	6	5	2	4
4	8	5	1	2	9	6	3	7

PUZZLE 52

7	6	1	3	8	2	4	9	5
2	8	5	6	4	9	3	7	1
4	9	3	5	7	1	2	6	8
1	5	4	7	9	8	6	2	3
3	7	8	2	5	6	1	4	9
9	2	6	4	1	3	5	8	7
8	1	2	9	3	4	7	5	6
6	3	7	8	2	5	9	1	4
5	4	9	1	6	7	8	3	2

PUZZLE 56

2	4	5	7	9	8	3	6	1
1	6	8	4	3	5	7	2	9
7	9	3	1	6	2	8	4	5
4	7	6	2	5	3	9	1	8
5	2	1	9	8	7	4	3	6
3	8	9	6	4	1	2	5	7
8	1	4	5	2	9	6	7	3
9	5	2	3	7	6	1	8	4
6	3	7	8	1	4	5	9	2

PUZZLE 57

8	7	9	5	4	1	2	6	3
4	2	5	3	6	9	8	7	1
6	3	1	7	8	2	5	9	4
2	1	4	9	3	7	6	5	8
3	9	8	2	5	6	1	4	7
7	5	6	8	1	4	3	2	9
9	6	7	1	2	3	4	8	5
1	8	2	4	7	5	9	3	6
5	4	3	6	9	8	7	1	2

PUZZLE 58

9	8	7	4	2	3	1	6	5
6	5	1	7	9	8	3	2	4
4	3	2	5	1	6	7	9	8
2	9	4	3	7	1	8	5	6
3	1	6	8	5	2	4	7	9
5	7	8	9	6	4	2	3	1
8	4	5	2	3	9	6	1	7
7	6	3	1	4	5	9	8	2
1	2	9	6	8	7	5	4	3

PUZZLE 59

5	6	8	9	1	2	7	3	4
1	2	7	4	3	5	9	8	6
9	4	3	6	7	8	1	2	5
2	5	1	8	6	4	3	9	7
3	7	6	1	2	9	5	4	8
4	8	9	3	5	7	6	1	2
6	3	4	5	8	1	2	7	9
7	9	5	2	4	3	8	6	1
8	1	2	7	9	6	4	5	3

PUZZLE 60

6	3	4	1	2	7	9	5	8
1	7	9	8	4	5	6	2	3
5	2	8	6	3	9	7	4	1
4	8	1	3	7	2	5	6	9
3	9	7	5	8	6	2	1	4
2	6	5	9	1	4	8	3	7
8	4	6	7	5	3	1	9	2
7	5	3	2	9	1	4	8	6
9	1	2	4	6	8	3	7	5

PUZZLE 61

6	5	8	4	3	1	2	9	7
4	2	1	9	8	7	3	6	5
3	9	7	5	2	6	8	1	4
1	6	2	8	7	9	4	5	3
8	3	4	6	1	5	9	7	2
9	7	5	3	4	2	6	8	1
7	4	9	1	6	3	5	2	8
5	1	3	2	9	8	7	4	6
2	8	6	7	5	4	1	3	9

PUZZLE 62

2	9	5	6	7	1	3	8	4
4	6	7	9	3	8	1	2	5
1	3	8	4	5	2	6	9	7
6	7	9	8	4	3	5	1	2
8	5	1	2	6	7	9	4	3
3	2	4	5	1	9	7	6	8
9	8	3	7	2	6	4	5	1
5	1	2	3	9	4	8	7	6
7	4	6	1	8	5	2	3	9

PUZZLE 63

2	1	8	9	5	4	7	3	6
3	5	4	6	7	8	9	1	2
6	9	7	2	1	3	5	8	4
8	4	5	3	6	7	2	9	1
9	3	1	5	8	2	4	6	7
7	2	6	1	4	9	3	5	8
5	8	3	4	2	6	1	7	9
4	7	9	8	3	1	6	2	5
1	6	2	7	9	5	8	4	3

PUZZLE 64

6	9	8	1	7	3	4	5	2
3	2	7	5	4	9	6	8	1
4	5	1	6	8	2	9	7	3
2	1	3	7	5	4	8	6	9
9	4	5	8	3	6	1	2	7
7	8	6	9	2	1	3	4	5
8	6	2	3	9	5	7	1	4
5	7	9	4	1	8	2	3	6
1	3	4	2	6	7	5	9	8

PUZZLE 65

5	1	8	4	6	7	9	3	2
4	3	6	9	2	8	7	5	1
7	9	2	1	5	3	6	8	4
1	6	7	3	8	5	4	2	9
8	2	9	7	4	6	3	1	5
3	4	5	2	9	1	8	6	7
6	5	4	8	1	9	2	7	3
2	7	1	6	3	4	5	9	8
9	8	3	5	7	2	1	4	6

PUZZLE 66

4	1	8	3	2	7	5	9	6
6	2	9	4	8	5	3	1	7
5	3	7	1	9	6	8	4	2
7	5	1	2	6	8	9	3	4
8	9	3	7	1	4	2	6	5
2	4	6	9	5	3	1	7	8
3	8	5	6	7	1	4	2	9
1	6	2	5	4	9	7	8	3
9	7	4	8	3	2	6	5	1

PUZZLE 67

2	1	4	8	6	5	9	3	7
8	7	3	4	1	9	2	6	5
6	9	5	7	3	2	8	4	1
7	4	8	5	9	3	6	1	2
9	6	2	1	7	8	4	5	3
5	3	1	6	2	4	7	9	8
4	8	9	3	5	7	1	2	6
1	5	7	2	4	6	3	8	9
3	2	6	9	8	1	5	7	4

PUZZLE 68

7	3	2	4	1	9	5	6	8
1	5	9	6	8	2	3	4	7
4	6	8	7	3	5	2	9	1
6	8	5	2	4	1	9	7	3
2	1	3	9	7	6	8	5	4
9	7	4	8	5	3	1	2	6
8	9	6	1	2	7	4	3	5
3	2	1	5	6	4	7	8	9
5	4	7	3	9	8	6	1	2

PUZZLE 69

8	7	6	9	1	2	5	4	3
9	5	4	6	7	3	8	2	1
1	3	2	5	8	4	6	7	9
3	4	1	2	6	8	7	9	5
2	6	7	1	5	9	4	3	8
5	8	9	4	3	7	1	6	2
6	1	3	7	2	5	9	8	4
4	2	5	8	9	6	3	1	7
7	9	8	3	4	1	2	5	6

PUZZLE 70

9	1	6	8	4	3	7	5	2
4	8	2	9	5	7	6	3	1
7	5	3	2	6	1	8	9	4
6	4	9	3	7	2	1	8	5
2	7	5	1	8	4	3	6	9
8	3	1	5	9	6	2	4	7
5	9	7	6	2	8	4	1	3
3	6	4	7	1	9	5	2	8
1	2	8	4	3	5	9	7	6

PUZZLE 71

2	5	4	8	3	7	9	1	6
3	9	8	5	6	1	2	7	4
7	1	6	9	2	4	5	8	3
6	2	5	7	1	3	4	9	8
1	3	9	4	8	2	6	5	7
8	4	7	6	9	5	3	2	1
9	8	2	3	7	6	1	4	5
4	6	1	2	5	8	7	3	9
5	7	3	1	4	9	8	6	2

PUZZLE 72

5	7	8	2	4	1	9	6	3
9	3	2	6	7	5	8	1	4
6	4	1	3	8	9	2	5	7
7	6	4	9	5	3	1	2	8
1	2	5	7	6	8	4	3	9
3	8	9	1	2	4	5	7	6
2	1	7	4	9	6	3	8	5
8	9	6	5	3	2	7	4	1
4	5	3	8	1	7	6	9	2

PUZZLE 73

5	3	9	6	1	4	2	7	8
2	7	1	8	9	3	4	5	6
4	6	8	7	5	2	9	3	1
1	8	5	3	4	9	7	6	2
9	2	3	1	7	6	8	4	5
6	4	7	5	2	8	3	1	9
3	1	2	9	6	7	5	8	4
7	9	6	4	8	5	1	2	3
8	5	4	2	3	1	6	9	7

PUZZLE 74

7	5	2	4	6	9	8	1	3
8	1	6	2	7	3	4	5	9
3	4	9	8	1	5	6	2	7
2	8	1	5	4	7	3	9	6
4	6	3	9	8	1	5	7	2
5	9	7	6	3	2	1	8	4
1	7	8	3	2	4	9	6	5
9	2	4	1	5	6	7	3	8
6	3	5	7	9	8	2	4	1

PUZZLE 75

4	8	5	7	9	3	2	1	6
2	6	9	8	4	1	3	5	7
1	3	7	5	6	2	9	8	4
9	7	1	2	5	4	8	6	3
3	2	6	1	8	9	7	4	5
8	5	4	3	7	6	1	9	2
6	9	8	4	2	7	5	3	1
5	1	2	6	3	8	4	7	9
7	4	3	9	1	5	6	2	8

PUZZLE 76

4	6	3	7	9	5	2	1	8
5	7	2	6	1	8	4	3	9
8	9	1	4	3	2	6	5	7
6	1	9	2	4	7	3	8	5
3	4	8	1	5	9	7	2	6
2	5	7	3	8	6	1	9	4
1	8	6	5	2	4	9	7	3
7	3	5	9	6	1	8	4	2
9	2	4	8	7	3	5	6	1

PUZZLE 77

6	8	4	9	7	1	2	3	5
7	3	2	6	5	4	1	9	8
1	9	5	8	2	3	6	4	7
8	7	9	5	3	6	4	2	1
3	2	1	7	4	9	5	8	6
5	4	6	2	1	8	3	7	9
4	6	7	1	8	2	9	5	3
2	1	8	3	9	5	7	6	4
9	5	3	4	6	7	8	1	2

PUZZLE 78

4	8	9	5	3	6	2	7	1
3	7	6	1	2	8	5	9	4
1	5	2	4	7	9	6	8	3
5	9	7	6	1	3	4	2	8
2	4	3	8	9	5	1	6	7
6	1	8	2	4	7	3	5	9
8	3	1	9	5	2	7	4	6
7	6	5	3	8	4	9	1	2
9	2	4	7	6	1	8	3	5

PUZZLE 79

9	5	3	2	6	4	1	8	7
6	8	4	1	7	5	2	3	9
7	2	1	3	9	8	4	5	6
2	3	6	7	4	1	5	9	8
5	1	7	9	8	3	6	4	2
4	9	8	6	5	2	3	7	1
1	7	2	5	3	9	8	6	4
3	4	9	8	2	6	7	1	5
8	6	5	4	1	7	9	2	3

PUZZLE 80

7	8	2	5	6	4	9	1	3
6	1	3	7	2	9	8	5	4
4	5	9	8	1	3	2	6	7
5	2	1	9	3	7	6	4	8
3	6	8	2	4	1	7	9	5
9	4	7	6	5	8	1	3	2
8	3	4	1	7	6	5	2	9
2	7	6	4	9	5	3	8	1
1	9	5	3	8	2	4	7	6

PUZZLE 81

2	8	7	9	4	1	3	6	5
4	6	5	8	2	3	9	1	7
9	3	1	7	5	6	2	8	4
8	7	9	6	3	4	1	5	2
3	5	4	2	1	9	8	7	6
1	2	6	5	8	7	4	9	3
5	1	2	3	7	8	6	4	9
6	4	3	1	9	5	7	2	8
7	9	8	4	6	2	5	3	1

PUZZLE 82

1	6	9	7	3	2	8	5	4
4	3	8	9	1	5	6	7	2
5	7	2	8	6	4	1	3	9
2	4	1	6	5	3	9	8	7
7	8	3	4	9	1	2	6	5
6	9	5	2	8	7	4	1	3
3	1	6	5	4	9	7	2	8
8	2	4	3	7	6	5	9	1
9	5	7	1	2	8	3	4	6

PUZZLE 83

5	3	4	7	1	6	8	2	9
1	8	9	3	2	4	7	6	5
6	7	2	8	5	9	3	1	4
9	4	3	6	7	5	1	8	2
8	6	5	1	9	2	4	7	3
7	2	1	4	8	3	5	9	6
3	5	8	9	6	7	2	4	1
4	9	7	2	3	1	6	5	8
2	1	6	5	4	8	9	3	7

PUZZLE 84

5	7	1	3	8	4	6	9	2
2	3	9	7	6	1	4	5	8
4	6	8	2	5	9	1	3	7
7	9	5	1	4	2	3	8	6
6	8	4	5	3	7	2	1	9
1	2	3	8	9	6	7	4	5
9	1	2	4	7	5	8	6	3
8	4	6	9	2	3	5	7	1
3	5	7	6	1	8	9	2	4

PUZZLE 85

4	5	7	6	1	3	8	2	9
8	6	1	2	4	9	5	3	7
9	2	3	8	5	7	6	4	1
7	3	4	9	8	1	2	5	6
1	8	5	3	6	2	7	9	4
2	9	6	5	7	4	3	1	8
3	4	8	1	2	6	9	7	5
5	1	2	7	9	8	4	6	3
6	7	9	4	3	5	1	8	2

PUZZLE 86

1	7	6	5	4	3	9	8	2
4	5	2	9	8	1	6	7	3
3	9	8	6	7	2	1	4	5
7	6	3	8	1	5	2	9	4
2	8	4	3	9	7	5	6	1
5	1	9	2	6	4	8	3	7
6	2	7	1	3	9	4	5	8
8	3	5	4	2	6	7	1	9
9	4	1	7	5	8	3	2	6

PUZZLE 87

6	2	5	9	1	3	4	8	7
1	3	7	8	4	6	5	2	9
8	4	9	7	5	2	6	1	3
9	1	3	6	8	4	7	5	2
7	8	4	3	2	5	9	6	1
5	6	2	1	7	9	3	4	8
4	7	1	5	9	8	2	3	6
2	9	6	4	3	1	8	7	5
3	5	8	2	6	7	1	9	4

PUZZLE 88

5	1	3	8	9	6	7	4	2
7	8	4	5	1	2	9	6	3
6	9	2	3	7	4	8	5	1
4	5	9	6	2	3	1	7	8
2	7	1	4	8	9	6	3	5
8	3	6	7	5	1	4	2	9
9	4	8	2	3	7	5	1	6
3	6	5	1	4	8	2	9	7
1	2	7	9	6	5	3	8	4

PUZZLE 89

7	5	3	4	8	9	2	6	1
6	4	1	3	2	5	7	8	9
8	9	2	1	6	7	4	3	5
3	7	4	9	5	8	6	1	2
2	1	9	7	3	6	5	4	8
5	8	6	2	4	1	3	9	7
1	6	7	5	9	4	8	2	3
9	2	8	6	7	3	1	5	4
4	3	5	8	1	2	9	7	6

PUZZLE 90

6	4	7	9	8	1	2	5	3
1	9	2	3	7	5	4	8	6
8	3	5	2	4	6	1	7	9
3	7	1	5	6	9	8	4	2
4	5	6	7	2	8	9	3	1
2	8	9	4	1	3	7	6	5
7	6	8	1	3	2	5	9	4
9	2	3	8	5	4	6	1	7
5	1	4	6	9	7	3	2	8

PUZZLE 91

3	1	5	7	2	4	9	6	8
6	7	9	8	1	3	5	2	4
8	4	2	5	6	9	7	1	3
4	3	1	9	8	2	6	7	5
5	2	6	3	7	1	4	8	9
9	8	7	6	4	5	1	3	2
2	6	8	4	9	7	3	5	1
1	5	4	2	3	6	8	9	7
7	9	3	1	5	8	2	4	6

PUZZLE 92

5	7	6	2	4	1	9	8	3
8	9	4	3	6	7	5	2	1
2	3	1	5	9	8	7	4	6
4	1	9	7	5	6	8	3	2
6	2	8	9	3	4	1	5	7
7	5	3	1	8	2	4	6	9
9	8	2	6	7	5	3	1	4
3	6	5	4	1	9	2	7	8
1	4	7	8	2	3	6	9	5

PUZZLE 93

5	4	7	6	2	1	8	9	3
8	6	9	5	3	4	7	2	1
3	1	2	7	9	8	6	5	4
9	8	3	1	5	7	4	6	2
1	2	4	3	6	9	5	7	8
6	7	5	4	8	2	1	3	9
2	5	6	8	4	3	9	1	7
7	9	8	2	1	5	3	4	6
4	3	1	9	7	6	2	8	5

PUZZLE 94

9	7	4	2	5	3	6	8	1
5	8	3	9	6	1	7	4	2
6	2	1	7	8	4	9	5	3
7	4	6	1	9	5	3	2	8
8	3	5	4	7	2	1	9	6
2	1	9	6	3	8	4	7	5
4	6	2	5	1	9	8	3	7
3	5	7	8	4	6	2	1	9
1	9	8	3	2	7	5	6	4

PUZZLE 95

4	3	1	2	5	9	7	6	8
2	6	9	7	3	8	5	1	4
7	5	8	6	4	1	9	2	3
5	2	4	3	7	6	1	8	9
3	8	6	1	9	5	2	4	7
1	9	7	8	2	4	3	5	6
6	1	2	9	8	7	4	3	5
9	4	3	5	6	2	8	7	1
8	7	5	4	1	3	6	9	2

PUZZLE 96

1	6	2	4	9	5	7	8	3
3	4	5	1	7	8	6	2	9
8	7	9	3	2	6	1	4	5
4	2	7	8	6	9	5	3	1
5	3	1	2	4	7	9	6	8
9	8	6	5	3	1	4	7	2
2	1	4	6	5	3	8	9	7
6	9	8	7	1	2	3	5	4
7	5	3	9	8	4	2	1	6

PUZZLE **97**

2	9	7	8	4	1	3	6	5
1	3	6	9	2	5	7	4	8
4	8	5	7	3	6	1	2	9
3	5	2	6	9	7	4	8	1
9	7	1	2	8	4	5	3	6
8	6	4	1	5	3	2	9	7
5	2	8	3	1	9	6	7	4
6	1	3	4	7	8	9	5	2
7	4	9	5	6	2	8	1	3

PUZZLE **101**

7	2	5	1	4	9	3	6	8
9	8	3	6	7	2	4	1	5
6	4	1	3	5	8	9	7	2
8	9	2	4	3	1	6	5	7
5	7	4	2	9	6	8	3	1
3	1	6	7	8	5	2	4	9
2	3	7	8	1	4	5	9	6
4	5	8	9	6	7	1	2	3
1	6	9	5	2	3	7	8	4

PUZZLE **98**

2	9	1	7	4	3	6	8	5
4	8	7	9	5	6	1	2	3
6	3	5	2	1	8	9	4	7
7	5	4	8	3	1	2	6	9
9	1	6	5	2	7	4	3	8
8	2	3	4	6	9	5	7	1
3	4	9	6	7	5	8	1	2
1	6	8	3	9	2	7	5	4
5	7	2	1	8	4	3	9	6

PUZZLE **102**

7	3	6	2	9	1	4	8	5
5	9	4	8	7	3	6	1	2
1	2	8	6	5	4	3	9	7
2	8	7	9	3	5	1	4	6
6	5	9	4	1	2	7	3	8
4	1	3	7	6	8	2	5	9
3	6	5	1	8	7	9	2	4
8	7	2	3	4	9	5	6	1
9	4	1	5	2	6	8	7	3

PUZZLE **99**

4	1	7	5	9	8	6	3	2
9	5	3	6	2	4	8	7	1
8	6	2	7	1	3	9	4	5
3	2	8	9	7	5	4	1	6
5	7	1	3	4	6	2	8	9
6	9	4	2	8	1	3	5	7
7	3	6	4	5	2	1	9	8
1	4	9	8	6	7	5	2	3
2	8	5	1	3	9	7	6	4

PUZZLE **103**

9	4	5	7	6	3	1	8	2
3	1	7	8	9	2	6	4	5
2	6	8	1	5	4	3	7	9
5	7	3	6	4	9	2	1	8
6	8	9	3	2	1	4	5	7
4	2	1	5	8	7	9	6	3
8	5	4	9	3	6	7	2	1
7	9	6	2	1	8	5	3	4
1	3	2	4	7	5	8	9	6

PUZZLE **100**

8	4	9	1	3	5	7	6	2
1	3	2	6	8	7	4	5	9
6	7	5	4	9	2	8	3	1
4	8	3	2	6	1	5	9	7
9	6	1	7	5	8	2	4	3
2	5	7	9	4	3	1	8	6
7	9	6	5	1	4	3	2	8
5	1	8	3	2	6	9	7	4
3	2	4	8	7	9	6	1	5

PUZZLE **104**

8	6	4	1	3	7	2	5	9
7	9	5	8	2	6	3	4	1
2	3	1	5	9	4	6	7	8
9	5	2	3	1	8	7	6	4
6	1	3	4	7	9	8	2	5
4	7	8	6	5	2	9	1	3
3	4	9	2	6	1	5	8	7
5	8	6	7	4	3	1	9	2
1	2	7	9	8	5	4	3	6

PUZZLE 105

3	9	4	1	7	6	8	5	2
8	1	2	4	9	5	6	7	3
6	5	7	3	2	8	9	4	1
4	7	8	9	1	3	5	2	6
9	6	5	7	8	2	3	1	4
1	2	3	5	6	4	7	9	8
7	4	9	8	3	1	2	6	5
5	8	6	2	4	7	1	3	9
2	3	1	6	5	9	4	8	7

PUZZLE 106

1	7	8	5	3	2	9	6	4
3	4	2	9	7	6	1	5	8
9	6	5	4	8	1	3	7	2
5	3	9	8	6	4	2	1	7
2	1	4	3	9	7	6	8	5
7	8	6	2	1	5	4	3	9
8	9	7	1	4	3	5	2	6
6	5	1	7	2	9	8	4	3
4	2	3	6	5	8	7	9	1

PUZZLE 107

6	5	9	8	4	2	7	1	3
1	7	2	9	3	6	4	5	8
3	4	8	1	5	7	2	6	9
5	1	3	2	6	9	8	7	4
9	6	7	3	8	4	5	2	1
8	2	4	5	7	1	3	9	6
7	3	1	4	9	5	6	8	2
2	8	5	6	1	3	9	4	7
4	9	6	7	2	8	1	3	5

PUZZLE 108

6	9	7	3	5	8	4	2	1
2	1	8	7	4	9	6	5	3
5	3	4	2	6	1	7	9	8
4	8	1	6	9	3	2	7	5
9	2	6	5	8	7	3	1	4
3	7	5	4	1	2	8	6	9
7	4	2	9	3	5	1	8	6
1	5	3	8	7	6	9	4	2
8	6	9	1	2	4	5	3	7

PUZZLE 109

5	3	2	4	8	9	1	7	6
4	6	7	2	5	1	3	9	8
9	8	1	3	7	6	4	5	2
7	9	3	1	4	2	8	6	5
8	5	4	9	6	7	2	1	3
1	2	6	5	3	8	7	4	9
6	7	9	8	2	4	5	3	1
2	4	5	6	1	3	9	8	7
3	1	8	7	9	5	6	2	4

PUZZLE 110

8	6	4	1	5	3	2	9	7
9	1	7	2	8	4	6	5	3
3	2	5	9	6	7	4	1	8
7	4	8	5	3	2	1	6	9
5	9	6	4	7	1	8	3	2
2	3	1	6	9	8	7	4	5
6	7	2	3	4	9	5	8	1
4	8	3	7	1	5	9	2	6
1	5	9	8	2	6	3	7	4

PUZZLE 111

6	7	5	8	4	3	9	1	2
1	4	9	6	2	7	8	5	3
3	2	8	1	5	9	7	6	4
9	3	6	7	8	1	2	4	5
7	5	1	2	9	4	6	3	8
2	8	4	3	6	5	1	7	9
4	1	3	9	7	2	5	8	6
5	6	2	4	1	8	3	9	7
8	9	7	5	3	6	4	2	1

PUZZLE 112

6	1	8	3	2	5	9	7	4
7	5	4	6	8	9	2	1	3
3	2	9	7	1	4	8	6	5
5	6	3	4	9	8	7	2	1
9	4	1	2	7	3	6	5	8
8	7	2	5	6	1	3	4	9
4	3	7	8	5	2	1	9	6
1	8	6	9	4	7	5	3	2
2	9	5	1	3	6	4	8	7

PUZZLE 113

1	5	6	3	9	8	2	7	4
9	8	2	5	7	4	3	1	6
3	7	4	6	2	1	9	8	5
7	1	8	9	5	2	6	4	3
6	4	9	7	8	3	5	2	1
5	2	3	4	1	6	7	9	8
8	6	1	2	3	7	4	5	9
2	3	5	8	4	9	1	6	7
4	9	7	1	6	5	8	3	2

PUZZLE 114

3	8	7	5	2	4	1	6	9
4	6	9	3	1	8	7	2	5
1	2	5	6	9	7	8	3	4
8	1	2	7	5	9	6	4	3
6	5	3	4	8	1	9	7	2
7	9	4	2	6	3	5	8	1
9	4	8	1	7	2	3	5	6
5	3	1	8	4	6	2	9	7
2	7	6	9	3	5	4	1	8

PUZZLE 115

1	8	9	3	2	6	7	4	5
5	4	2	9	8	7	6	1	3
6	3	7	4	1	5	9	2	8
9	1	6	8	5	3	2	7	4
3	7	8	2	6	4	1	5	9
4	2	5	7	9	1	3	8	6
7	5	3	6	4	2	8	9	1
8	6	1	5	7	9	4	3	2
2	9	4	1	3	8	5	6	7

PUZZLE 116

3	5	2	7	9	8	4	6	1
6	9	1	5	3	4	8	7	2
8	7	4	6	1	2	3	9	5
9	3	6	2	4	7	5	1	8
4	8	5	9	6	1	2	3	7
2	1	7	3	8	5	6	4	9
5	4	9	8	7	6	1	2	3
1	2	3	4	5	9	7	8	6
7	6	8	1	2	3	9	5	4

PUZZLE 117

1	5	2	8	4	6	7	3	9
7	6	4	9	3	1	8	5	2
3	8	9	7	5	2	1	4	6
4	3	8	5	6	9	2	7	1
2	7	6	3	1	8	5	9	4
5	9	1	2	7	4	6	8	3
6	2	5	4	9	7	3	1	8
9	1	7	6	8	3	4	2	5
8	4	3	1	2	5	9	6	7

PUZZLE 118

2	6	5	9	7	1	3	4	8
3	7	9	4	5	8	6	2	1
8	1	4	3	6	2	9	7	5
9	5	6	8	1	4	7	3	2
4	2	7	5	9	3	1	8	6
1	8	3	7	2	6	5	9	4
7	4	2	1	3	5	8	6	9
5	9	8	6	4	7	2	1	3
6	3	1	2	8	9	4	5	7

PUZZLE 119

5	7	2	9	8	4	1	6	3
8	9	4	3	1	6	7	5	2
6	3	1	2	5	7	4	9	8
1	5	3	4	6	8	2	7	9
7	6	8	1	2	9	3	4	5
4	2	9	7	3	5	8	1	6
3	8	6	5	4	1	9	2	7
9	4	5	8	7	2	6	3	1
2	1	7	6	9	3	5	8	4

PUZZLE 120

3	4	1	8	9	6	2	7	5
9	2	6	3	5	7	8	4	1
8	5	7	1	2	4	3	6	9
1	8	9	6	3	2	7	5	4
4	7	5	9	8	1	6	2	3
6	3	2	4	7	5	1	9	8
7	9	3	2	4	8	5	1	6
2	1	8	5	6	9	4	3	7
5	6	4	7	1	3	9	8	2

PUZZLE 121

5	1	7	4	9	6	8	3	2
2	9	3	1	8	5	4	7	6
4	6	8	2	7	3	1	9	5
6	2	5	3	1	4	7	8	9
8	7	4	5	2	9	6	1	3
9	3	1	7	6	8	5	2	4
7	5	6	9	3	1	2	4	8
1	8	9	6	4	2	3	5	7
3	4	2	8	5	7	9	6	1

PUZZLE 125

4	2	1	8	5	9	3	7	6
7	9	8	6	4	3	5	1	2
3	6	5	7	2	1	4	8	9
1	8	7	9	3	2	6	4	5
2	3	6	5	7	4	8	9	1
5	4	9	1	8	6	7	2	3
9	7	2	4	6	5	1	3	8
6	1	4	3	9	8	2	5	7
8	5	3	2	1	7	9	6	4

PUZZLE 122

4	5	7	3	8	6	9	2	1
6	2	1	5	9	7	8	3	4
3	9	8	2	1	4	7	5	6
8	7	9	6	3	5	1	4	2
5	6	4	1	2	9	3	8	7
2	1	3	4	7	8	6	9	5
7	4	5	8	6	3	2	1	9
9	3	2	7	4	1	5	6	8
1	8	6	9	5	2	4	7	3

PUZZLE 126

2	8	6	1	9	7	5	4	3
4	9	7	2	3	5	8	6	1
1	3	5	4	8	6	7	2	9
6	5	9	3	1	2	4	7	8
7	1	8	9	6	4	3	5	2
3	2	4	5	7	8	9	1	6
9	7	3	6	4	1	2	8	5
5	4	1	8	2	9	6	3	7
8	6	2	7	5	3	1	9	4

PUZZLE 123

3	8	7	6	5	9	2	4	1
4	5	6	3	1	2	7	8	9
1	9	2	4	8	7	6	5	3
9	6	3	2	4	8	5	1	7
7	2	8	5	9	1	4	3	6
5	1	4	7	3	6	9	2	8
6	3	9	1	2	4	8	7	5
2	7	5	8	6	3	1	9	4
8	4	1	9	7	5	3	6	2

PUZZLE 127

5	8	6	7	2	4	9	1	3
1	7	9	3	5	6	8	2	4
4	2	3	1	9	8	7	6	5
9	3	5	8	1	2	4	7	6
2	4	7	5	6	3	1	9	8
8	6	1	9	4	7	3	5	2
6	1	8	2	3	9	5	4	7
3	5	2	4	7	1	6	8	9
7	9	4	6	8	5	2	3	1

PUZZLE 124

7	2	1	4	5	3	8	6	9
9	3	4	7	6	8	1	2	5
5	8	6	9	1	2	3	4	7
6	5	3	2	4	1	9	7	8
4	1	2	8	7	9	6	5	3
8	7	9	6	3	5	4	1	2
1	9	8	5	2	6	7	3	4
3	4	5	1	9	7	2	8	6
2	6	7	3	8	4	5	9	1

PUZZLE 128

9	8	7	3	6	5	2	4	1
5	4	6	1	9	2	3	8	7
3	2	1	4	8	7	6	5	9
1	7	5	8	4	3	9	6	2
8	6	3	9	2	1	4	7	5
4	9	2	5	7	6	8	1	3
7	3	9	6	5	8	1	2	4
2	1	8	7	3	4	5	9	6
6	5	4	2	1	9	7	3	8

PUZZLE **129**

4	6	9	7	2	5	8	3	1
3	5	2	1	8	9	7	6	4
8	7	1	3	6	4	5	2	9
5	2	3	9	1	8	6	4	7
9	8	4	2	7	6	1	5	3
7	1	6	4	5	3	9	8	2
2	3	8	5	9	7	4	1	6
1	9	5	6	4	2	3	7	8
6	4	7	8	3	1	2	9	5

PUZZLE **130**

3	4	9	6	8	7	5	2	1
2	6	8	5	9	1	3	4	7
1	7	5	4	3	2	8	9	6
7	1	3	8	4	5	2	6	9
8	2	4	1	6	9	7	3	5
9	5	6	2	7	3	1	8	4
6	8	2	7	1	4	9	5	3
4	9	7	3	5	8	6	1	2
5	3	1	9	2	6	4	7	8

PUZZLE **131**

5	8	9	6	7	4	3	2	1
6	7	1	2	8	3	5	9	4
2	4	3	9	5	1	7	8	6
9	6	5	7	1	2	4	3	8
1	3	8	4	9	5	6	7	2
4	2	7	8	3	6	1	5	9
8	9	4	5	6	7	2	1	3
7	1	2	3	4	8	9	6	5
3	5	6	1	2	9	8	4	7

PUZZLE **132**

8	9	6	1	7	5	4	2	3
3	1	2	4	6	9	7	8	5
7	4	5	3	2	8	1	9	6
9	6	1	7	5	4	2	3	8
5	7	3	8	1	2	6	4	9
4	2	8	6	9	3	5	1	7
6	8	4	5	3	1	9	7	2
2	3	7	9	4	6	8	5	1
1	5	9	2	8	7	3	6	4

PUZZLE **133**

1	3	4	5	6	2	8	9	7
2	7	8	1	3	9	6	5	4
6	9	5	4	8	7	3	1	2
5	4	7	3	9	8	2	6	1
8	1	6	2	4	5	9	7	3
9	2	3	7	1	6	5	4	8
3	5	1	9	2	4	7	8	6
7	6	2	8	5	1	4	3	9
4	8	9	6	7	3	1	2	5

PUZZLE **134**

7	8	5	9	2	4	6	1	3
6	1	9	7	3	8	5	2	4
2	4	3	1	5	6	8	9	7
9	6	4	3	8	1	7	5	2
5	7	8	2	6	9	3	4	1
3	2	1	4	7	5	9	6	8
4	3	7	6	9	2	1	8	5
1	5	6	8	4	7	2	3	9
8	9	2	5	1	3	4	7	6

PUZZLE **135**

8	5	6	7	4	2	3	1	9
1	7	3	8	9	6	4	5	2
2	9	4	5	1	3	8	6	7
3	6	7	2	5	4	1	9	8
5	4	1	6	8	9	2	7	3
9	8	2	3	7	1	6	4	5
4	1	8	9	2	5	7	3	6
7	3	9	4	6	8	5	2	1
6	2	5	1	3	7	9	8	4

PUZZLE **136**

7	9	5	4	1	2	3	6	8
4	2	1	3	8	6	7	9	5
3	8	6	7	9	5	1	2	4
9	5	2	1	4	3	8	7	6
6	7	3	5	2	8	9	4	1
8	1	4	9	6	7	2	5	3
5	4	8	2	3	9	6	1	7
1	6	9	8	7	4	5	3	2
2	3	7	6	5	1	4	8	9

PUZZLE 137

6	2	9	4	7	8	1	5	3
5	8	7	2	1	3	6	4	9
4	3	1	9	6	5	2	7	8
7	9	8	5	2	4	3	1	6
2	4	6	8	3	1	7	9	5
1	5	3	6	9	7	4	8	2
3	1	5	7	8	2	9	6	4
8	6	2	1	4	9	5	3	7
9	7	4	3	5	6	8	2	1

PUZZLE 138

4	8	2	3	5	6	9	1	7
3	9	1	8	2	7	5	4	6
6	7	5	4	9	1	2	3	8
2	4	7	9	1	3	6	8	5
9	1	8	7	6	5	4	2	3
5	6	3	2	8	4	1	7	9
7	5	4	6	3	2	8	9	1
8	3	6	1	4	9	7	5	2
1	2	9	5	7	8	3	6	4

PUZZLE 139

3	4	8	9	1	2	7	5	6
5	7	9	3	8	6	2	4	1
1	2	6	5	7	4	3	9	8
4	5	3	2	6	9	1	8	7
9	6	1	7	5	8	4	3	2
7	8	2	4	3	1	5	6	9
8	9	5	1	2	3	6	7	4
6	1	7	8	4	5	9	2	3
2	3	4	6	9	7	8	1	5

PUZZLE 140

9	3	5	2	4	1	6	8	7
4	6	7	8	5	3	2	1	9
1	8	2	9	6	7	4	3	5
7	2	1	5	9	4	3	6	8
6	9	3	7	8	2	1	5	4
8	5	4	1	3	6	7	9	2
3	4	9	6	7	8	5	2	1
5	1	6	4	2	9	8	7	3
2	7	8	3	1	5	9	4	6

PUZZLE 141

2	3	6	4	1	5	9	7	8
7	9	1	2	6	8	5	4	3
4	5	8	9	7	3	1	2	6
9	1	4	3	5	6	2	8	7
3	8	7	1	9	2	4	6	5
5	6	2	7	8	4	3	9	1
1	2	3	8	4	7	6	5	9
6	7	9	5	2	1	8	3	4
8	4	5	6	3	9	7	1	2

PUZZLE 142

5	7	8	9	6	3	2	4	1
4	6	3	5	2	1	7	9	8
2	1	9	4	7	8	3	6	5
3	5	2	1	4	9	6	8	7
6	9	4	2	8	7	5	1	3
1	8	7	3	5	6	4	2	9
7	4	5	8	9	2	1	3	6
9	3	6	7	1	4	8	5	2
8	2	1	6	3	5	9	7	4

PUZZLE 143

1	9	7	5	8	6	2	3	4
2	6	8	4	3	1	7	9	5
3	4	5	2	9	7	1	8	6
6	2	3	1	7	4	8	5	9
5	7	4	9	6	8	3	1	2
9	8	1	3	5	2	4	6	7
7	3	2	6	1	5	9	4	8
8	5	9	7	4	3	6	2	1
4	1	6	8	2	9	5	7	3

PUZZLE 144

5	8	3	4	6	9	2	1	7
1	4	2	8	3	7	9	5	6
6	9	7	5	1	2	4	3	8
8	2	6	1	4	5	3	7	9
7	5	9	6	2	3	1	8	4
3	1	4	7	9	8	6	2	5
4	6	5	3	7	1	8	9	2
2	7	1	9	8	4	5	6	3
9	3	8	2	5	6	7	4	1

PUZZLE 145

7	5	2	3	8	6	1	4	9
4	6	3	7	9	1	2	5	8
8	9	1	2	5	4	6	3	7
2	4	8	6	7	9	3	1	5
1	3	5	8	4	2	7	9	6
6	7	9	1	3	5	8	2	4
9	2	6	4	1	8	5	7	3
5	1	7	9	6	3	4	8	2
3	8	4	5	2	7	9	6	1

PUZZLE 149

5	3	6	7	4	1	2	8	9
8	2	1	9	5	6	4	7	3
9	4	7	8	2	3	5	1	6
6	5	8	4	7	9	1	3	2
4	1	3	2	6	8	7	9	5
2	7	9	3	1	5	8	6	4
3	6	4	5	8	7	9	2	1
7	9	2	1	3	4	6	5	8
1	8	5	6	9	2	3	4	7

PUZZLE 146

9	6	4	2	7	1	5	8	3
7	3	5	4	6	8	9	2	1
8	2	1	3	5	9	4	6	7
6	1	8	9	2	7	3	4	5
4	7	2	1	3	5	6	9	8
3	5	9	8	4	6	7	1	2
1	8	6	7	9	3	2	5	4
2	9	7	5	8	4	1	3	6
5	4	3	6	1	2	8	7	9

PUZZLE 150

7	3	4	5	8	1	6	9	2
5	6	1	2	9	3	7	4	8
8	9	2	7	4	6	1	5	3
3	5	9	8	6	7	4	2	1
6	4	8	1	3	2	9	7	5
2	1	7	9	5	4	3	8	6
4	2	6	3	7	5	8	1	9
9	7	5	6	1	8	2	3	4
1	8	3	4	2	9	5	6	7

PUZZLE 147

3	6	7	8	4	1	5	9	2
1	4	9	7	5	2	3	6	8
5	8	2	3	9	6	4	7	1
6	9	8	5	1	7	2	3	4
2	7	3	9	8	4	6	1	5
4	1	5	6	2	3	9	8	7
8	3	6	2	7	5	1	4	9
7	2	4	1	3	9	8	5	6
9	5	1	4	6	8	7	2	3

PUZZLE 151

9	7	6	8	2	5	1	4	3
4	8	2	1	3	7	9	5	6
1	5	3	9	6	4	2	7	8
5	2	8	7	9	3	4	6	1
7	6	4	5	1	2	8	3	9
3	1	9	4	8	6	5	2	7
8	4	5	3	7	1	6	9	2
6	9	7	2	4	8	3	1	5
2	3	1	6	5	9	7	8	4

PUZZLE 148

6	5	7	2	1	3	9	8	4
2	8	9	7	6	4	1	3	5
4	3	1	8	9	5	6	2	7
9	7	5	4	2	6	8	1	3
1	2	3	5	8	7	4	9	6
8	6	4	9	3	1	5	7	2
7	1	8	6	5	2	3	4	9
3	4	6	1	7	9	2	5	8
5	9	2	3	4	8	7	6	1

PUZZLE 152

3	1	6	5	4	8	2	7	9
2	4	8	7	6	9	1	3	5
7	9	5	3	2	1	4	6	8
5	7	1	2	3	6	9	8	4
8	3	4	9	1	5	7	2	6
9	6	2	4	8	7	5	1	3
4	8	7	1	5	3	6	9	2
1	2	3	6	9	4	8	5	7
6	5	9	8	7	2	3	4	1

PUZZLE 153

2	8	4	5	6	1	3	9	7
5	6	9	7	3	2	4	8	1
3	7	1	4	9	8	6	5	2
7	9	3	2	1	6	8	4	5
4	1	8	9	5	7	2	6	3
6	2	5	3	8	4	7	1	9
9	4	6	1	7	3	5	2	8
8	5	7	6	2	9	1	3	4
1	3	2	8	4	5	9	7	6

PUZZLE 154

4	9	6	8	3	1	2	7	5
5	2	3	7	4	6	9	1	8
7	8	1	2	5	9	3	6	4
6	5	8	3	1	7	4	9	2
2	4	9	5	6	8	7	3	1
1	3	7	9	2	4	5	8	6
9	1	2	6	7	5	8	4	3
8	6	5	4	9	3	1	2	7
3	7	4	1	8	2	6	5	9

PUZZLE 155

1	2	9	6	5	7	3	4	8
6	4	5	3	2	8	9	7	1
7	8	3	1	4	9	5	6	2
5	7	4	2	6	1	8	9	3
3	9	2	7	8	5	6	1	4
8	1	6	9	3	4	7	2	5
2	6	7	5	1	3	4	8	9
4	3	1	8	9	6	2	5	7
9	5	8	4	7	2	1	3	6

PUZZLE 156

8	7	9	6	1	2	4	5	3
4	2	5	9	7	3	6	1	8
1	3	6	8	5	4	9	7	2
5	4	3	1	8	7	2	9	6
9	8	7	5	2	6	3	4	1
6	1	2	3	4	9	5	8	7
2	5	8	4	3	1	7	6	9
7	6	4	2	9	8	1	3	5
3	9	1	7	6	5	8	2	4

PUZZLE 157

5	8	3	1	4	9	7	6	2
2	1	4	7	6	8	9	3	5
7	9	6	5	2	3	4	1	8
6	5	7	9	3	1	2	8	4
4	3	8	6	5	2	1	9	7
1	2	9	8	7	4	6	5	3
8	4	5	2	9	6	3	7	1
3	6	1	4	8	7	5	2	9
9	7	2	3	1	5	8	4	6

PUZZLE 158

2	3	1	5	6	7	9	4	8
6	9	5	3	8	4	1	7	2
7	4	8	1	9	2	5	3	6
5	2	9	7	4	1	6	8	3
3	1	6	9	2	8	7	5	4
4	8	7	6	5	3	2	9	1
8	5	3	2	1	9	4	6	7
1	6	4	8	7	5	3	2	9
9	7	2	4	3	6	8	1	5

PUZZLE 159

1	9	7	4	3	2	6	5	8
3	5	4	8	6	1	7	2	9
2	6	8	7	9	5	1	3	4
9	8	2	5	1	7	3	4	6
6	3	1	9	2	4	5	8	7
4	7	5	6	8	3	9	1	2
5	4	6	3	7	8	2	9	1
8	1	9	2	5	6	4	7	3
7	2	3	1	4	9	8	6	5

PUZZLE 160

3	2	8	5	6	1	9	7	4
5	7	6	8	9	4	3	1	2
9	4	1	2	3	7	5	6	8
6	8	9	7	1	2	4	5	3
2	3	7	9	4	5	6	8	1
1	5	4	6	8	3	2	9	7
8	9	3	1	2	6	7	4	5
4	6	5	3	7	8	1	2	9
7	1	2	4	5	9	8	3	6

PUZZLE 161

9	7	3	6	8	2	1	5	4
1	4	6	3	9	5	2	7	8
8	2	5	7	4	1	3	6	9
6	8	9	2	5	3	4	1	7
4	3	1	8	6	7	9	2	5
2	5	7	4	1	9	8	3	6
5	1	4	9	3	6	7	8	2
3	9	2	5	7	8	6	4	1
7	6	8	1	2	4	5	9	3

PUZZLE 165

7	2	8	9	1	6	3	5	4
9	6	5	3	4	8	7	1	2
4	3	1	2	7	5	9	6	8
8	7	3	1	6	4	2	9	5
6	1	4	5	9	2	8	7	3
5	9	2	8	3	7	1	4	6
1	5	9	4	8	3	6	2	7
2	8	6	7	5	9	4	3	1
3	4	7	6	2	1	5	8	9

PUZZLE 162

9	3	5	8	6	7	2	4	1
8	4	7	2	5	1	9	6	3
1	2	6	4	9	3	8	5	7
2	5	1	6	4	8	3	7	9
6	9	3	5	7	2	4	1	8
7	8	4	1	3	9	6	2	5
4	6	9	7	8	5	1	3	2
5	1	8	3	2	6	7	9	4
3	7	2	9	1	4	5	8	6

PUZZLE 166

8	2	9	4	7	5	6	1	3
6	5	3	8	9	1	4	7	2
7	4	1	6	2	3	5	8	9
3	9	4	5	8	7	2	6	1
5	6	8	2	1	9	7	3	4
1	7	2	3	4	6	9	5	8
4	3	7	1	5	2	8	9	6
2	1	5	9	6	8	3	4	7
9	8	6	7	3	4	1	2	5

PUZZLE 163

1	8	4	9	6	3	2	7	5
2	5	7	4	8	1	3	9	6
3	9	6	7	5	2	8	4	1
9	6	3	8	4	5	7	1	2
8	4	2	1	7	9	6	5	3
7	1	5	3	2	6	9	8	4
4	3	8	2	1	7	5	6	9
6	7	9	5	3	4	1	2	8
5	2	1	6	9	8	4	3	7

PUZZLE 167

8	6	7	2	3	9	5	4	1
5	9	4	1	8	7	2	3	6
2	1	3	5	6	4	7	8	9
7	8	6	3	9	5	1	2	4
4	5	1	6	7	2	8	9	3
9	3	2	4	1	8	6	5	7
6	2	5	7	4	3	9	1	8
3	7	9	8	2	1	4	6	5
1	4	8	9	5	6	3	7	2

PUZZLE 164

4	9	3	1	6	2	8	7	5
1	6	7	8	5	3	9	4	2
8	5	2	4	9	7	3	1	6
9	3	1	2	4	5	6	8	7
2	4	6	7	8	9	1	5	3
5	7	8	3	1	6	4	2	9
3	2	4	9	7	1	5	6	8
7	8	5	6	3	4	2	9	1
6	1	9	5	2	8	7	3	4

PUZZLE 168

6	9	8	2	5	1	7	4	3
1	4	5	6	3	7	9	2	8
3	2	7	9	4	8	6	1	5
5	1	4	7	6	9	8	3	2
2	6	9	8	1	3	5	7	4
7	8	3	4	2	5	1	6	9
8	5	6	3	7	4	2	9	1
9	3	2	1	8	6	4	5	7
4	7	1	5	9	2	3	8	6

PUZZLE 169

9	6	1	3	8	7	5	4	2
5	8	3	4	2	9	7	6	1
7	4	2	6	5	1	3	8	9
3	9	6	7	1	4	8	2	5
2	7	4	8	9	5	6	1	3
8	1	5	2	6	3	4	9	7
6	3	9	1	7	8	2	5	4
1	2	7	5	4	6	9	3	8
4	5	8	9	3	2	1	7	6

PUZZLE 170

2	7	1	8	6	5	9	4	3
9	8	3	2	4	7	5	6	1
6	5	4	3	1	9	8	7	2
4	1	8	7	9	6	2	3	5
7	9	5	4	2	3	1	8	6
3	2	6	1	5	8	4	9	7
1	6	9	5	3	4	7	2	8
5	3	7	9	8	2	6	1	4
8	4	2	6	7	1	3	5	9

PUZZLE 171

7	5	6	8	9	4	2	3	1
8	1	4	6	2	3	7	5	9
9	3	2	5	1	7	4	8	6
2	8	1	4	5	9	6	7	3
6	7	9	3	8	1	5	4	2
5	4	3	2	7	6	1	9	8
4	2	7	1	3	8	9	6	5
1	9	8	7	6	5	3	2	4
3	6	5	9	4	2	8	1	7

PUZZLE 172

1	8	6	4	7	2	5	9	3
3	2	7	5	9	1	4	6	8
5	4	9	8	6	3	1	2	7
6	7	4	2	1	8	9	3	5
2	5	8	9	3	6	7	1	4
9	3	1	7	5	4	2	8	6
8	1	5	3	4	9	6	7	2
7	6	3	1	2	5	8	4	9
4	9	2	6	8	7	3	5	1

PUZZLE 173

4	7	1	6	8	3	2	9	5
3	8	6	5	9	2	1	7	4
5	9	2	1	7	4	8	6	3
9	1	7	8	3	6	5	4	2
2	3	5	4	1	7	6	8	9
6	4	8	2	5	9	3	1	7
8	5	3	9	4	1	7	2	6
7	6	4	3	2	8	9	5	1
1	2	9	7	6	5	4	3	8

PUZZLE 174

6	8	3	9	5	7	4	2	1
9	1	7	4	6	2	5	3	8
4	5	2	1	3	8	9	6	7
3	4	9	7	1	5	2	8	6
7	2	1	6	8	4	3	9	5
8	6	5	3	2	9	1	7	4
1	7	8	2	4	3	6	5	9
2	9	4	5	7	6	8	1	3
5	3	6	8	9	1	7	4	2

PUZZLE 175

5	4	2	6	9	7	1	3	8
7	3	6	2	1	8	9	5	4
8	9	1	4	3	5	7	6	2
9	2	5	7	4	1	3	8	6
6	1	7	8	5	3	2	4	9
4	8	3	9	6	2	5	7	1
3	6	4	1	7	9	8	2	5
2	7	9	5	8	6	4	1	3
1	5	8	3	2	4	6	9	7

PUZZLE 176

6	5	7	2	4	1	3	8	9
3	2	8	7	9	6	4	1	5
4	1	9	3	5	8	7	2	6
2	4	3	6	8	7	5	9	1
7	8	5	1	2	9	6	4	3
1	9	6	5	3	4	8	7	2
8	6	4	9	1	5	2	3	7
5	3	1	8	7	2	9	6	4
9	7	2	4	6	3	1	5	8

SOLUTIONS

PUZZLE **177**

3	9	6	7	5	8	4	1	2
5	8	4	6	1	2	7	3	9
2	7	1	3	9	4	5	8	6
6	5	2	1	7	9	8	4	3
9	1	3	8	4	6	2	7	5
8	4	7	5	2	3	9	6	1
7	6	9	4	3	5	1	2	8
4	3	5	2	8	1	6	9	7
1	2	8	9	6	7	3	5	4

PUZZLE **178**

1	2	3	4	7	6	5	8	9
6	8	7	2	5	9	4	1	3
9	4	5	1	3	8	2	7	6
5	1	9	6	2	7	3	4	8
4	7	2	3	8	1	6	9	5
3	6	8	5	9	4	1	2	7
2	9	1	7	6	5	8	3	4
7	5	4	8	1	3	9	6	2
8	3	6	9	4	2	7	5	1

PUZZLE **179**

9	2	6	1	4	7	5	8	3
5	8	1	9	3	2	4	7	6
4	7	3	5	6	8	2	1	9
8	9	4	6	1	5	7	3	2
2	6	5	8	7	3	9	4	1
1	3	7	2	9	4	8	6	5
3	5	8	4	2	1	6	9	7
7	4	9	3	5	6	1	2	8
6	1	2	7	8	9	3	5	4

PUZZLE **180**

4	6	1	2	7	8	3	5	9
9	7	2	1	3	5	4	6	8
8	5	3	4	9	6	7	2	1
6	9	5	3	4	1	8	7	2
3	4	7	5	8	2	1	9	6
1	2	8	7	6	9	5	4	3
2	1	4	9	5	3	6	8	7
7	8	9	6	1	4	2	3	5
5	3	6	8	2	7	9	1	4

PUZZLE **181**

5	3	2	4	1	8	6	7	9
9	7	4	5	2	6	1	3	8
6	8	1	7	9	3	4	2	5
3	1	7	6	8	2	9	5	4
4	5	8	9	7	1	3	6	2
2	9	6	3	5	4	7	8	1
7	4	5	2	6	9	8	1	3
8	2	9	1	3	7	5	4	6
1	6	3	8	4	5	2	9	7

PUZZLE **182**

9	4	3	5	1	6	7	8	2
2	8	7	4	3	9	6	5	1
5	1	6	7	2	8	9	3	4
6	3	5	8	4	7	1	2	9
1	7	4	9	5	2	8	6	3
8	9	2	3	6	1	4	7	5
4	2	1	6	7	5	3	9	8
3	6	9	2	8	4	5	1	7
7	5	8	1	9	3	2	4	6

PUZZLE **183**

4	2	7	8	1	5	6	3	9
6	3	5	2	7	9	1	4	8
9	8	1	6	4	3	2	5	7
2	5	4	9	8	1	3	7	6
1	7	8	3	5	6	4	9	2
3	6	9	7	2	4	5	8	1
8	4	2	1	3	7	9	6	5
5	1	6	4	9	8	7	2	3
7	9	3	5	6	2	8	1	4

PUZZLE **184**

4	3	7	6	2	1	5	8	9
1	2	8	5	9	7	4	3	6
5	9	6	4	8	3	7	2	1
7	5	2	9	6	8	3	1	4
8	1	9	7	3	4	6	5	2
3	6	4	2	1	5	9	7	8
2	4	3	8	5	6	1	9	7
6	8	1	3	7	9	2	4	5
9	7	5	1	4	2	8	6	3

PUZZLE 185

2	4	7	9	1	3	6	8	5
1	3	5	6	8	2	7	4	9
8	9	6	5	7	4	2	1	3
4	5	2	3	6	9	1	7	8
3	7	8	1	2	5	4	9	6
6	1	9	7	4	8	5	3	2
9	2	4	8	5	1	3	6	7
5	6	3	4	9	7	8	2	1
7	8	1	2	3	6	9	5	4

PUZZLE 189

9	4	2	7	6	5	8	1	3
5	8	3	1	2	9	7	4	6
1	6	7	3	4	8	5	2	9
2	5	6	8	9	1	4	3	7
8	7	9	5	3	4	2	6	1
4	3	1	6	7	2	9	8	5
7	9	8	4	1	6	3	5	2
6	2	4	9	5	3	1	7	8
3	1	5	2	8	7	6	9	4

PUZZLE 186

7	5	1	4	3	6	2	9	8
9	6	2	8	5	7	4	3	1
8	4	3	2	1	9	5	7	6
5	1	8	3	6	4	9	2	7
6	7	9	5	2	1	3	8	4
2	3	4	9	7	8	1	6	5
1	9	5	6	8	3	7	4	2
3	8	7	1	4	2	6	5	9
4	2	6	7	9	5	8	1	3

PUZZLE 190

3	9	4	1	5	2	6	8	7
1	7	6	4	8	3	9	5	2
2	5	8	9	6	7	3	4	1
6	3	5	8	9	1	2	7	4
4	2	9	6	7	5	8	1	3
7	8	1	2	3	4	5	6	9
5	6	3	7	4	9	1	2	8
9	1	7	5	2	8	4	3	6
8	4	2	3	1	6	7	9	5

PUZZLE 187

2	7	5	9	4	1	3	6	8
4	6	8	7	3	2	1	5	9
1	9	3	6	5	8	2	4	7
3	8	2	4	9	5	7	1	6
9	4	6	1	2	7	5	8	3
7	5	1	8	6	3	4	9	2
5	2	9	3	1	6	8	7	4
8	1	4	2	7	9	6	3	5
6	3	7	5	8	4	9	2	1

PUZZLE 191

4	6	5	3	7	1	2	9	8
1	7	2	4	8	9	3	6	5
8	9	3	2	5	6	7	4	1
6	8	7	1	3	4	9	5	2
5	2	4	8	9	7	6	1	3
9	3	1	6	2	5	8	7	4
7	5	8	9	1	3	4	2	6
2	1	6	7	4	8	5	3	9
3	4	9	5	6	2	1	8	7

PUZZLE 188

9	7	8	6	5	2	1	3	4
3	2	1	4	7	9	6	5	8
5	4	6	1	3	8	9	7	2
8	9	5	7	1	6	4	2	3
7	3	4	9	2	5	8	6	1
6	1	2	8	4	3	7	9	5
4	8	3	5	6	7	2	1	9
1	5	7	2	9	4	3	8	6
2	6	9	3	8	1	5	4	7

PUZZLE 192

5	4	6	7	3	8	9	1	2
7	8	3	9	2	1	5	6	4
2	1	9	5	4	6	3	8	7
3	5	4	6	9	7	1	2	8
6	2	7	8	1	3	4	9	5
8	9	1	2	5	4	6	7	3
9	6	5	3	8	2	7	4	1
1	7	8	4	6	5	2	3	9
4	3	2	1	7	9	8	5	6